아브라함 링컨

오두막에서 자란 아이

어거스타 스티븐슨 지음
클로틸드 엠브리 그림
리빙북 옮김

리빙북

차례

1. 작은 시냇가 작은 농장 작은 오두막 ...9
2. 첫 번째 장난감 ...13
   - 무빙 세일 ...16
   - 아빠가 언제 오시나 ...19
3. 스쿨 버터 ...22
   - 에이브가 없어졌다 ...25
   - 에이브를 찾아서 ...28
4. 할아버지와 인디언 ...32
5. 에이브는 계속해서 낚시를 했다 ...42
6. 파란 외투에 구리 단추 ...48
7. 안전이 제일 중요하다 ...52
   - 듣기 훈련 ...55
   - 발자취 따라가는 훈련 ...56
8. 숲 속에서 우는 소리가 들리다 ...59
9. 멈춰시 보기 ...64

10. 불 ...68

11. 고마워, 허니 ...74

12. 인디애나로 ...82

13. 개척지대로 ...89

　　통나무 오두막 ...91

14. 어머니의 계획 ...95

15. 외로운 아이들 ...99

16. 누가 수레를 타고 왔을까 ...104

　　새 가족 ...109

17. 팔다리가 쑥쑥 자라다 ...112

18. 에이브를 도와주는 새어머니 ...114

19. 피존 크릭 학교 ...118

20. 밭고랑 한 개 끝날 때마다 ...122

21. 빌려온 책 ...127

22. 놀이와 시합 ...131

23. 목사님 방문 ...134

24. 거북이를 구해주다 ...140

25. 칠면조 사냥 ...144

26. 맞춤법 대회 ...148

27. 조니 애플씨드 ...155

28. 이웃끼리 서로 도와주다 ...161

29. 일리노이로 이사를 가다 ...167

30. 새로운 주 ...173

31. 진흙창에 빠진 돼지 ...179

32. 작은 트렁크 ...183

33. 에이브 링컨 미국 대통령 ...190
- 여러분, 기억하나요?
- 아브라함 링컨이 살던 시절

1
작은 시냇가 작은 농장
작은 오두막

    옛날 어느 작은 시냇가에 작은 농장이 있었다. 그 농장에는 작은 오두막이 있었는데, 그곳에 작은 아이가 살고 있었다. 그 작은 마을 이름은 놉 크릭이고, 그 작은 아이 이름은 아브라함이었다.

  작은 마을 놉 크릭은 아주아주 큰 켄터키 주에 있었다. 하지만 그 작은 오두막은 아브라함이 태어난 곳은 아니었다. 아브라함이 태어난 곳은 거기서 15킬로미터 떨어진 다른 농장이었다. 그날은 1809년 2월 12일이었다. 그 농장은 놉 크릭은 아니었지만, 그것도 켄터키 주에 있었다.

　어린 아브라함은 링컨이라는 큰 집안에서 태어났다. 아빠, 엄마, 그리고 사라 누나가 있었다. 삼촌과 숙모도 여러 명 있었다. 사촌은 너무 많아 손가락에 꼽을 수가 없었다. 하지만 이 친척들을 자주 만나지는 못했다. 너무 멀리 떨어져 살았기 때문이다.

　아브라함이 태어났을 때, 아무도 그 아기를 그렇게 긴 이름으로 부르고 싶어하지 않았다. "아브라함은 너무 길어." 모두 그렇게 생각했다. "차라리 에이브가 좋겠어."

　그래서 그는 에이브가 되었다. 어른이 되어서도 에이브였다. 죽을 때까지 에이브였다.

　아버지 토마스 링컨은 가난했다. 그는 자녀들을 사랑했지만, 좋은 옷이나 책이나 장난감을 사 줄 수가 없었다.

　에이브한테는 겨우 셔츠 한 벌, 바지 한 벌이 있었다. 신발이 없었기 때문에 여름에는 맨발로 다녔고, 겨울에는 모카신을 신고 다녔다. 모카신은 가죽을 잘라서 발에 맞게 만든 신이었다. 머리에는 라쿤가죽으로 만든 둥근 모자를 일 년 내내 쓰고 다녔다.

에이브한테는 책도 그림도 장난감도 없었다. 에이브가 볼 수 있는 것은 오로지 식구들이 살고 있는 오두막과 그 주변의 숲이었다. 도시나 마을에 가서 다른 사람들을 본 적도 없었다. 에이브는 과연 그 숲에서 빠져나올 수 있을까? 바깥 세상에 사는 사람들이 에이브에 대해서 들어볼 수나 있을까?

그 당시에는 아무도 그렇게 생각하지 않았다. 에이브의 부모도 마찬가지였다.

그러나 언젠가는 이 어린 남자아이에게 놀라운 일이 일어날 것이다. 너무나 놀랍고 훌륭한 사건이어서 마치 동화책에 나오는 얘기처럼 들릴 것이다.

그는 이 세상에서 가장 위대한 사람으로 손꼽히게 될 것이다. 그리고 이 나라 모든 사람들의 사랑을 받게 될 것이다. 그의 이름이 온 세상에 알려지고, 모두가 다 그를 존경하게 될 것이다.

장차 커서 어떤 어른이 되느냐 하는 건 그가 어릴 때 어떤 아이였느냐에 달려 있다. 이 책에서는 에이브가 어떤 아이였는지 얘기해 줄 것이다. 이 책을 읽어보면 에이브 링컨이 왜 그렇게 위대한 사람이 되었으며, 왜 모든 사람이 그를 좋아하고 우러러보게 됐는지 알게 될 것이다.

2
첫 번째 장난감

에이브는 놉 크릭에 있는 자기 집을 좋아했다. 그러나 때때로 아버지 농장이 다른 농장에서 그렇게 멀리 떨어져 있지 않았으면 하고 바랐다. 가장 가까운 이웃조차도 몇 킬로미터 떨어진 다른 숲 속에 살고 있었다. 그들은 너무 멀리 떨어져 살았기 때문에 에이브는 함께 놀 친구가 없었다.

사라는 시간이 있을 때면 에이브와 놀았지만, 인형을 가지고 놀았다. 에이브는 같이 놀 남자 형제나 다른 남자아이가 있었으면 하고 바랐다. 남자아이들은 에이브가

하고 싶은 걸 하고 놀았기 때문이다.

어느날 아침 에이브와 사라가 집 밖에서 놀고 있었다. 조금 있다가 사라가 울면서 오두막으로 들어왔다. "엄마! 에이브가 나랑 안 논대요."

링컨 부인이 놀라며 물었다. "무슨 일이니? 너희 둘이 다퉜니?"

"아니요, 엄마. 다투지 않았어요. 하지만 에이브는 내 인형을 가지고 놀지 않겠대요. 그건 새 인형인데... 아빠가 찾아 준 옥수수 자루 중에 제일 큰 건데 말예요."

"그건 맞아." 링컨 씨가 말했다. "옥수수 밭에서 제일 큰 걸 찾아 줬지."

"그 인형은 참 예쁜 인형이야." 어머니가 말했다. "왜 에이브가 그걸 싫다지?"

"몰라요." 사라가 말했다. "여자아이들이 하는 놀이는 더 이상 하지 않겠대요."

"아, 그랬구나!" 어머니가 말했다. "왜 에이브가 인형놀이를 하지 않겠다는 걸까?"

"하하하!" 아버지가 웃었다. "에이브는 이제 어린 아이가 아니에요, 낸시."

"하지만 아직 다섯 살 반이잖아요, 토마스."

"그럴 나이가 됐어요, 낸시. 사라, 에이브와 놀려면 다른 걸 해 봐."

"장난감이라도 있다면 아이들이 더 잘 놀 텐데 말예요." 어머니가 말했다.

"장난감을 사 줘야겠어요." 아버지가 말했다. "하지만 장난감을 사려면 돈이 드는데, 이 농장 값도 아직 못 갚았으니…"

"에이브는 장난감 수레를 갖고 싶어해요." 사라가 말했다.

"토마스, 한 개 만들어 줄 수 없어요?" 링컨 부인이 물

15

었다. "당신은 뛰어난 목수잖아요. 집에 있는 나무 접시도 모두 만들었잖아요."

"물론 작은 수레를 만들어줄 수 있지요." 링컨 씨가 말했다. "하지만 올 여름에는 시간이 없어요. 올 겨울에 만들어 줘야겠어요."

"하지만 에이브는 지금 장난감이 필요해요." 어머니가 말했다. "에이브는 너무 외로워요. 사라는 집에서 나를 도와주느라 바쁘고, 그러면 에이브는 거의 항상 혼자 있어요. 함께 놀 아이들도 없고. 아무도 없이 혼자예요."

"무슨 수를 생각해 볼게요." 아버지가 말했다. "내일 아침에 토마스 홀 씨 집에 가서 연장을 사고, 만일 장난감 수레가 있으면 사 올게요. 너무 비싸지 않으면 말이죠."

"물론 그렇죠. 너무 비싸면 안 되죠." 어머니가 말했다.

무빙 세일

홀 씨 가족이 이사를 간다. 그래서 쓰던 물건을 거의 다 팔려고 내놓았다. 사람들은 그것을 사려고 수 킬로미터 떨어진 먼 거리에서 왔다.

링컨 씨는 놉 크릭 시냇가를 따라 내려가며 언덕을 넘

어가며 계속해서 이웃들을 만났다.

 그들은 모두 링컨 씨를 보고 반가워 했다. 모두 다 그를 좋아했기 때문이다. 그뿐만 아니라, 그가 그 지역에서 가장 뛰어난 말 감정사였기 때문이다.

 "자네 오기를 기다렸어, 토마스." 어떤 사람이 말했다. "내가 말을 사려는데, 먼저 자네 의견을 들어야겠어."

 링컨 씨는 그 말을 세심하게 관찰하더니, 그 사람에게 그 말이 얼마의 가치가 있다고 말해주었다.

 그러자 또 다른 사람이 그에게 말에 대해서 물었고, 그는 말을 봐주느라 너무 바빠서 에이브에게 사 줄 장난감 수레에 대해서 완전히 잊어버렸다.

 마침내 그는 연장을 사고 친구들에게 잘 가라고 인사를 했다.

 그가 말을 타려고 걸어가는 길에 두 사람이 지나갔다. 그들은 긴 소파를 나르고 있었다.

 "내 수레에 이걸 실을 수 있어야 할 텐데." 한 사람이 말했다.

 "수레!" 링컨 씨가 말했다. "맞아, 수레!" 그리고 그는 얼른 홀 씨 오두막으로 돌아가서 두리번두리번 살펴

보았다.

식탁 위에는 접시, 포크, 나이프, 숟가락, 양동이, 냄비, 프라이팬 들이 있었다. 바닥에는 깃털로 만든 침대, 베개, 이불, 담요, 홑이불 들이 있었다.

"뭘 찾으세요, 링컨 씨?" 홀 씨 부인이 물었다. "제가 도와드릴까요?"

"홀 부인, 에이브에게 줄 작은 수레가 필요해요. 하지만 장난감은 보이지 않는군요."

홀 부인이 웃었다. "저 위를 보세요." 그녀가 말했다. 그녀는 벽난로 위의 선반을 가리켰다.

링컨 씨가 올려다 봤다. 그도 웃었다. 거기에 작은 장난감 수레가 있었던 것이다!

"저한테 물건 살 돈이 10센트 있어요." 그가 말했다.

"가져가세요." 홀 부인이 말했다. "보세요! 8센트 반이라고 붙여놨잖아요."

"좋아요!" 링컨 씨가 말했다. 그는 값을 치르고, 그 장난감 수레를 들고 놉 크릭의 작은 오두막을 향해서 떠났다.

아빠가 언제 오시나

　오두막 밖에는 나무 둥치 위에 검은색 머리의 남자아이가 앉아서 길을 바라보고 있었다. 바라보고 또 바라봤지만, 아버지는 나타나지 않았다.

　아버지가 저녁식사 시간이면 돌아오신다고 어머니가 말했다. 그런데 이미 저녁식사를 다 마쳤지만 아버지는 오지 않았다. 해가 언덕 너머로 기울고 있었다. 곧 어두워질 것이다.

　"에이브!" 링컨 부인이 문간에서 불렀다. "밖에 있기엔 너무 늦었어. 들어와."

　"아빠가 오실 때까지 기다리면 안 돼요?"

　"안 돼, 에이브. 날씨가 너무 추워 감기 들지 모르니까."

　에이브는 곧 오두막으로 들어갔다.

　"수레가 갖고 싶어요." 에이브가 시무룩하게 말했다.

　어머니는 아들을 팔로 감싸안고 다정하게 말했다.

　"에이브." 그녀가 말했다. "아빠가 수레를 구할 수 없을지도 모른다고 하셨어. 그렇지?"

"네." 에이브가 말했다.

"그리고 그걸 살 돈이 안 될지도 모른다고 하셨어. 그렇지?"

"네." 에이브가 말했다.

"그러니까 아빠가 수레를 안 사오셔도 슬퍼하면 안 된다. 그러면 아빠가 마음 아프실 거야."

"그럴게요." 에이브가 말했다.

"좋아." 어머니가 말했다. "에이브, 넌 이제 씩씩한 남자가 됐어."

"하지만 아빠가 집에 오시는 길에 수레를 잃어버리면 어떡할 거야?" 사라가 말했다.

"잃어버린다고?" 에이브가 말했다. "어떻게 그걸 잃어버려?"

"시냇물 속에 떨어졌는데 꺼내지 못할 수도 있고." 사라가 말했다. "아니면 시냇물 속에 떨어진 것도 모르고 지나갈 수도 있고."

에이브의 입술이 씰룩거렸다. 그는 곧 울 것처럼 보였다.

"그래." 어머니가 말했다. "그런 일은 언제든지 일어날 수 있단다."

그녀는 에이브에게 미소를 지었고, 에이브도 어머니에게 미소를 지었다. 그리고 용감하게 말했다. "그래도 할 수 없죠."

바로 그때 문이 열리면서, 링컨 씨가 들어왔다. "에이브, 여기 네 수레다!" 그가 말했다.

"어!" 에이브가 말했다. "어! 어!"

에이브는 더 이상 아무 말도 할 수 없었다.

그날 밤 어린 에이브는 이 세상에서 제일 행복한 아이였다.

3.
스쿨 버터

사라와 에이브가 학교에 처음 가는 날이었다. 그 둘은 너무 마음이 들떠서 어찌 할 바를 몰랐다. 사라는 작은 머리꽁지를 네 번이나 땋았다 풀었다 했다. 에이브는 머리를 다섯 번이나 빗었다. 사라는 어머니가 옷감을 짜서 만들어 준 새 모직 치마를 입었다. 모자나 신발은 없었다. 머리꽁지는 허리까지 길게 늘어졌다. 에이브는 새 바지를 입었다. 그것은 어머니가 옷감을 직접 짜서 만들어 준 모직 셔츠와 똑같은 모직 바지였다. 그는 라쿤 꼬리로 만든 모

자를 썼지만, 발은 사라처럼 맨발이었다.

두 아이는 비누로 몸을 박박 문질러 씻었다.

"여기 옥수수빵 가지고 가. 너희 점심이야." 어머니가 말했다. "사라, 네 주머니에 넣으렴. 산딸기를 먹고 싶으면 점심 때 따 먹어. 학교 주변 숲에는 산딸기가 무척 많단다."

"사라, 내가 누나 맞춤법 책 들고 가도 돼?" 에이브가 물으며 책을 집었다.

"얼마든지." 사라가 말했다.

바로 그때 링컨 씨가 들어왔다. "사라." 그가 말했다. "선생님께 내가 에이브의 맞춤법 책을 사겠다고 말씀드려라. 다음 번에 시장에 가면. 그러니까 한 일주일 동안은 네 책을 둘이 같이 봐."

"내 읽기 책도 필요하지 않아요?" 사라가 말했다.

"먼저 네 맞춤법 책 끝낸 뒤에." 어머니가 말했다.

"반드시 소리 내서 읽어라." 아버지가 말했다. "너희가 소리 내어 읽지 않으면 선생님은 너희가 공부 안 하는 줄 아실 테니까."

"알았어요. 그럴게요." 사라가 말했다.

"저도요." 에이브가 말했다.

"너희들, 이제 출발할 시간이다." 어머니가 말했다. "첫 날부터 지각하면 안 되지." 어머니는 아이들에게 입을 맞추고, 아버지는 에이브의 검은 머리와 사라의 밤색 머리를 쓰다듬었다.

아이들은 숲 속에 난 길을 따라 걸었다. 곧 그들은 시야에서 사라졌다.

링컨 부인은 눈에서 눈물을 훔쳤다. "걸어가기에는 보통 먼 길이 아니에요." 그녀가 말했다. "날마다 5킬로미터를, 그것도 험한 길을 말예요."

"다른 도리가 없어요, 낸시. 학교에 갈 수 있는 것만도 다행이에요. 이 근처 어떤 아이들은 돈이 없어 학교에 가지도 못하거든요."

"우리도 돈이 없기는 마찬가지죠." 낸시가 말했다.

"이번 겨울에 부업을 찾아볼게요." 토마스가 말했다. "목수일 말이에요. 그러면 선생님에게 지불할 돈을 마련할 수 있을 거예요."

"그랬으면 좋겠어요." 낸시가 말했다. "어떻게 해서든 아이들에게 공부를 가르쳐야겠어요."

"맞아요." 토마스가 말했다. "읽고 쓰는 법은 배워야죠."

에이브가 없어졌다

그날 오후 늦게 사라가 학교에서 혼자 돌아왔다.

"엄마! 아빠!" 사라가 오두막으로 헐레벌떡 뛰어오며 소리쳤다. "에이브가 없어졌어요!"

"없어졌어?" 아버지가 말했다. "어디로 말이냐?"

"몰라요." 사라가 말했다. 그리고 울기 시작했다.

"애야, 울지 말고 여기 와서 앉아." 어머니가 말했다. "자, 무슨 일이 있었는지 말해 봐."

"학교가 끝나자마자." 사라가 말했다. "어떤 남자애들이 밖에서 우리를 놀렸어요."

"너와 에이브를?" 어머니가 물었다.

"아니요." 사라가 말했다. "우리 전부를요. 걔네들이 뭐라고 하는지는 못 알아들었지만, 학교에서 나오던 남자애들이 화가 났어요."

"스쿨 버터라고 놀렸니?" 아버지가 물었다.

"네, 바로 그거예요! 그러자 놀리던 아이들이 달아났고, 우리 반 남자애들이 그 뒤를 쫓아갔어요. 에이브도 따라갔어요."

"에이브도 갔다고?" 어머니가 놀라서 물었다.

"가지 말라고 했는데, 남자아이들이 에이브를 불렀어요. 그래서 아마 가야 한다고 생각했나봐요."

링컨 부인은 겁이 났다. "큰 아이들이 에이브를 남겨두고 달려 갈 텐데." 그녀가 말했다. "그러면 숲 속에서 길을 잃을 텐데."

"내가 찾아볼게요." 링컨 씨가 말했다. "낸시, 내가 찾아 올 테니 걱정 말아요."

그러더니 오두막에서 뛰쳐나갔다. 너무 급히 나가는 바람에 모자도 없이 나갔다.

사라는 또 울기 시작했다. "에이브가 시냇물에 빠지면 어떡하죠?" 그녀가 말했다.

어머니도 걱정이 됐지만, 사라에게 티를 내고 싶지 않았다. 그래서 이렇게 말했다. "아빠가 에이브를 찾을 거야. 자, 이제 왜 걔들이 너희에게 스쿨 버터라고 말했는지 아니?"

"아니요."

"걔들은 학교 가는 아이들을 놀리는 거야."

"왜요?" 사라가 물었다.

"아마 자기들도 학교에 무척 가고 싶은데, 집이 가난해서 못 가니까. 그 대신 학교(스쿨)에 가는 게 바보 같은 짓이라고, 말하자면 버터처럼 흐물흐물한 거라고 놀리는 거지."

"아, 그랬군요." 사라가 말했다.

"자, 아빠와 에이브를 위해서 맛있는 저녁식사를 만들어 놓자. 엄마가 밀가루로 빵을 만들게."

"밀가루 빵?" 사라가 말했다. 사라는 눈이 거의 튀어나올 것 같았다.

"특별 잔치를 하자." 어머니가 말했다. "사라, 이 사과를 저기 뜨거운 재 속에 넣어줄래? 그리고 이 바가지에 메이플 시럽을 채워 줘."

"네! 네!" 사라가 말했다. "맛있는 음식을 보면 에이브가 좋아할 거예요!"

에이브를 찾아서

링컨 씨는 숲 속에서 달리며 고함을 쳤다. "에이브! 에이브!"

아무 대답이 없었다. 그러자 그는 학교 가는 쪽으로 달려갔다. 때때로 그는 커다란 나무 뿌리에 걸려 넘어졌다. 한번은 그의 발이 야생 머루줄기에 걸려 넘어졌다. 그러나 즉시 일어나서 다시 달렸다.

그는 쉬지 않고 에이브를 불렀다. 그러나 그 거대한 숲은 고요하기만 했다.

마침내 그는 학교 오두막이 있는 빈터로 왔다. 아이들이라고는 보이지 않았다. 그래서 다시 숲 속으로 들어갔다. 계속 길을 따라 걸었다.

"에이브!" 그는 부르고 또 불렀다. "에이브! 에이브! 에이브!"

아무 대답이 없었다. 검은색 머리를 한 아이는 아무 데도 보이지 않았다.

숲 속은 점점 어두워지기 시작했지만, 링컨 씨는 계속해서 걸어갔다. 그러다 마침내 멈추었다.

"에이브! 에이브! 어디 있니?" 그가 마지막으로 불렀다. 하지만 아무 대답이 없었다.

"에이브가 이 보다 더 멀리 올 수는 없었을 텐데." 그가 혼잣말을 했다. "이 보다 더 멀리 걸어올 수는 없어."

그래서 그는 돌아서 다시 학교로 가는 길을 따라 걸어갔다. 그는 학교 선생님이 아직 그곳에 있기를 바랐다. 그러면 두 사람이 함께 에이브를 수색할 수 있을 것이다. 둘이서 시냇가를 따라 오두막집마다 들러서 이웃들을 모두 동원하고, 다같이 횃불을 들고 시냇물 속을 뒤져봐야겠다고 생각했다.

링컨 씨는 학교 빈터로 오자마자 교실로 들어갔다. 그곳에는 선생님이 책상 앞에 앉아서 글을 쓰고 있었다.

"라이니 씨!" 링컨 씨가 말했다. "에이브를 찾고 있어요. 그 아이가 없어졌어요!"

"저기를 보세요." 라이니 씨가 말했다. 그가 긴 의자를 손으로 가리켰다.

링컨 씨가 바라보았다. 아니, 거기에 에이브가 누워 자고 있는 게 아닌가!

"에이브는 큰 애들 뒤를 쫓아갔어요." 라이니 씨가 말했다. "하지만 내가 따라가서 이리로 데리고 왔죠. 지금 막 집으로 데려다 주려는 참이었습니다."

"라이니 씨, 정말 감사합니다." 링컨 씨가 말했다. "에이브가 시냇물에 빠져 죽지 않았나 걱정했습니다." 그리고 그는 긴 의자로 가서 에이브의 어깨를 가볍게 흔들며 말했다.

"에이브, 에이브, 일어나."

에이브가 눈을 떴다. 여전히 반쯤 졸린 상태였다.

"스쿨 버터!" 선생님이 소리쳤다.

그러자 에이브가 벌떡 일어났다.

두 어른이 웃었다. 에이브도 웃었다. 그리고 링컨 씨는 라이니 씨와 에이브를 놉 크릭의 작은 오두막집에 데리고 가서 아주 맛있는 저녁식사를 대접했다.

4.
할아버지와 인디언

어느 비 오는 날 어머니 낸시 링컨은 양털로 실을 잣고 있었다.

사라와 에이브는 그 모습을 구경하고 있었다. 두 아이는 어머니가 실 잣는 걸 구경하기를 좋아했다. 물레가 돌아가는 모습을 흥미롭게 관찰했다.

"엄마." 에이브가 말했다. "엄마가 물레 돌리는 것 구경하는 게 제일 재밌어요."

"저도요." 사라가 말했다.

링컨 부인이 웃었다. "너희 둘, 아빠 얘기를 듣는 게 어떠니?" 그녀가 말했다. "아빠가 들려주시는 얘기가 얼마나 재미있는데!"

그러자 사라와 에이브는 아무 말도 할 수가 없었다. 둘 다 아버지가 들려주시는 얘기를 몹시 좋아했기 때문이다.

어머니는 또 다시 웃었다. "괜찮아." 어머니가 말했다. "아빠처럼 얘기를 재미있게 할 수 있는 사람이 또 없지. 이웃사람들도 그렇게 말하잖니. 어떨 때는 아빠 얘기를 들으러 오기도 하고."

"맞아요." 사라가 자랑스러운 듯 말했다.

"나도 어른이 되면 얘기를 들려줘야지." 에이브가 말했다.

바로 그때 문이 급히 열리더니 아버지 토마스 링컨이 바람과 비를 몰고 들어왔다. 흠뻑 젖은 몸에서 물방울이 뚝뚝 떨어졌다. 옷, 라쿤모자, 사슴가죽으로 만든 신발이 모두 젖었다.

"사나운 폭풍이야." 그가 말했다. "밭에서도, 숲에서도 일을 할 수가 없어요. 그렇다고 사냥이나 낚시를 할 수도 없고요."

"이럴 때에는 쉬지 그래요." 링컨 부인이 말했다. "사라, 아빠의 젖은 모자를 가져 와. 에이브는 아빠 신을 가져오고."

사라는 물이 뚝뚝 떨어지는 모자를 벽난로 맞은 편의 벽에 박혀있는 나무 못에 걸었다. 에이브는 물이 뚝뚝 떨어지는 신발을 벽난로에서 조금 떨어진 구석에 놓았다.

링컨 씨는 기분이 좋았다. "이제 너희 둘은 마치 인디언 아이들처럼 가죽 물건을 잘 다루는구나." 그가 말했다.

그는 벽난로 앞에 등받이가 없는 긴 의자에 앉았다. 젖은 옷이 곧 마르기 시작했다.

"애들아, 옛날 얘기 들려줄까?" 그가 물었다.

"네! 네!" 사라와 에이브가 말했다.

"너희들 의자를 가져와. 내가 진짜로 있었던 얘기를 해주지. 너희 할아버지 아브라함 링컨의 얘기란다."

"제 이름도 아브라함이에요." 에이브가 말했다.

"그래. 할아버지 이름을 따서 지은 거야." 링컨 씨가 말했다. "너도 자라서 할아버지처럼 용감한 사람이 되길 바란다."

"할아버지는 아무 것도 무서워하지 않으셨어요?" 에이브가 물었다.

"그럼." 아버지가 말했다. "인디언도 무서워하지 않았지. 그는 인디언 전쟁에 군인으로 나가셨어."

"파란색 외투에 구리 단추가 달린 옷을 입으셨나요?" 사라가 물었다.

"그럼." 아버지가 말했다. "그는 군부대에서 지휘관이 셨는데, 인디언들을 이 숲 속에서 몰아냈지."

"애들아, 그걸 잊지 마." 어머니가 말했다. "그리고 군인을 보면 늘 친절을 베풀어야 한다."

"군인을 위해서 뭘 할 수 있죠?" 에이브가 물었다.

"군인을 만나면 모자를 벗고 인사를 드려." 아버지가 말했다.

"마실 물을 드리고, 음식도 대접하고." 어머니가 말했다.

"군인들은 뭘 먹나요?" 사라가 물었다.

"뭐든 다 먹어." 아버지가 말했다. "게다가 무척 많이 먹지."

어머니가 웃었다. 아이들도 웃었다. 그리고 아버지가

말했다. "에이브, 벽난로에 장작 한 개를 던져 넣어라. 그러고 나서 얘기를 해 줄게."

에이브는 겨우 일곱 살이었지만, 장작을 번쩍 들어 난로 속에 넣었다.

"에이브는 정말 힘이 세!" 사라가 말했다.

"난 힘 센 사람이 좋아." 에이브가 말했다. "난 농장에서 아버지를 도와드릴 거야."

아버지가 고개를 끄덕였다. "나도 어릴 때 아버지를 도와드렸지. 사실 그게 오늘 들려줄 얘기야. 내 아버지도 나처럼 농부였어. 다만 땅이나 소와 말을 나보다 더 많이 가지고 계셨어."

"우리는 말이 있어요." 에이브가 말했다.

"소도 있어요." 사라가 말했다. "송아지도 있고요."

"내 아버지에 비하면 절반도 안 되지." 링컨 씨가 말했다. "할아버지 농장은 2천 에이커도 넘었어."

"할아버지는 부자였겠네요." 사라가 말했다.

"아니, 부자는 아니었어. 그는 날마다 농장에서 일했고, 나와 형제들이 함께 일했지. 어느 봄날 아침 내가 여섯 살 때, 아버지가 나를 데리고 숲 근처에 있는 옥수수

밭에 가셨어."

"그 숲 속에는 인디언들이 있었나요?" 에이브가 물었다.

"과거에는 있었지. 하지만 아버지는 그들이 다시는 돌아오지 않을 거라고 생각하셨어. 군인들이 우리 농장 근처에 요새를 지었기 때문에, 우리는 제법 안전하다고 느꼈어.

"아버지는 그곳에 서서 밭을 바라보셨어. '잡초가 너무 많구나. 잡초를 뽑자, 토마스.' 그러면서 몸을 굽혔는데, 잡초는 하나도 못 뽑았어. 무시무시한 일이 일어났거든!"

"뭔데요? 뭔데요?" 사라와 에이브가 말했다.

"총소리가 났어. 그리고 아버지가 쓰러지셨지. 그는 아무 말도 없었어. 돌아가신 거야."

"인디언!" 에이브가 말했다.

"인디언!" 사라가 말했다.

"그래." 아버지가 말했다. "인디언이었어. 그 인디언들은 숲 속에 숨어 있다가 아버지가 옥수수 밭에 나오기를 기다렸지."

"불쌍한 할아버지." 사라가 말했다.

"그들은 이 지역에서 가장 훌륭한 사람들 중 하나를 죽인 거야." 링컨 씨가 말했다. "그뿐만이 아니었어. 그들은 나를 잡으려고 했어."

"아빠를?" 아이들이 소리쳤다.

"인디언 하나가 숲 속에서 뛰어나와 나를 잡았어. 그리고 나를 밭에서 끌고 가기 시작했어."

"어머나! 어머나!" 사라와 에이브가 소리쳤다.

"나는 무서워서 죽을 것 같았어. 이제 다시는 어머니를 보지 못할 거라고 생각했지."

"아, 가엾어라." 링컨 부인이 말했다.

"이제 우리는 밭의 가장자리까지 왔어. 한두 걸음만 더 가면 그 인디언과 나는 숲 속으로 들어가는 거지. 그런데 그때 또 무슨 일이 일어났어! 총소리가 났고, 그 인디언이 쓰러졌어. 그는 움직이지도 않고 말도 안 했어. 죽은 거야."

"누가 쐈어요?" 에이브가 물었다.

"큰형이었는데, 큰형은 열두 살밖에 안 됐어. 형이 우리 오두막 문간에서 그 인디언을 쏘았어."

"하지만 잘못하면 인디언 대신 아빠를 쏠 수도 있었잖아요." 에이브가 말했다. "인디언이 아빠를 붙잡고 있었으니까요."

"형은 위험을 감수해야 했어." 링컨 씨가 말했다. "둘째 형은 군인들을 데리러 요새로 달려갔어. 어머니는 숲 속에 다른 인디언들이 있는 걸 보고, 내가 살아서 돌아오지 못할까봐 걱정했어."

"그때쯤 군인들이 도착했어. 그들은 인디언들을 숲 속에서 몰아냈고, 다시는 돌아오지 않았어."

"할아버지가 불쌍해요." 에이브가 말했다. "하지만 아빠가 인디언에게 잡혀가지 않아 다행이에요."

5.
에이브는 계속해서 낚시를 했다

"엄마." 에이브가 말했다. "장작이 더 필요하세요?"

"아니, 괜찮아, 에이브." 링컨 부인이 말했다. "오늘 필요한 건 네가 벌써 다 갖다 놨어."

"물 더 필요하세요?"

링컨 부인은 물통을 보았다. "물도 가득 차있네!" 그녀가 말했다. "일을 정말 빨리 마쳤구나."

"엄마, 낚시하러 가고 싶어요."

"그래 얘야. 얼마든지 가도 된다. 가서 오후 내내 있다 와도 돼."

"저도 가고 싶어요." 사라가 말했다.

"사라, 넌 아직 어려서 안 돼." 어머니가 말했다.

"제가 에이브보다 나이가 더 많은데요? 두 살이나 많아요." 사라가 말했다.

"하지만 에이브는 키도 더 크고 힘이 더 세지. 에이브는 숲 속에서 자기 스스로 돌볼 수 있어."

"제가 누나를 돌봐 줄게요." 에이브가 말했다. "깊은 물 가까이로는 가지 못하게 할게요."

"그렇다면 좋아. 갔다 와."

두 아이는 시냇가로 달려갔다. 그들은 낚싯대도 낚싯줄도 낚싯바늘도 없었다. 그러나 다 방법이 있었다. 그들은 시냇가의 얕은 곳을 발견했다. 그리고 몸을 굽혀 두 손을 물속에 넣었다.

"물고기가 빠져나가지 못하게 해. 물고기는 미끌거리거든." 에이브가 말했다.

그들은 기다리고 기다리고 또 기다렸다. 둘 다 팔과 목과 등이 결리기 시작했다. 하지만 꼼짝하지 않고 기다렸다.

"집에 가자." 마침내 사라가 말했다.

"아직 안 돼." 에이브가 말했다. "강둑에 가서 놀아, 사라."

그리고 에이브는 계속해서 낚시를 했다.

사라는 커다란 참나무 밑에서 도토리를 발견했다. 그리고 한동안 바쁘게 놀았다.

그녀는 도토리 컵과 도토리 접시를 만들었다. 도토리 설탕그릇과 크림그릇을 만들었다. 도토리 밥그릇과 국그릇도 만들었다.

그리고 컵을 들고 차를 마셨다. 크림과 설탕을 넣었다.

옥수수죽과 산딸기파이도 먹었다.

사라는 이제 싫증이 났다. "에이브!" 그녀가 말했다. "이제 집에 가자!"

"아직 안 돼." 에이브가 말했다. "기다려."

그리고 에이브는 계속해서 낚시를 했다.

사라는 다른 걸 하기로 했다. 사라가 올려다보니 커다란 덩굴 위쪽에 머루가 달려있었다. 그 덩굴은 커다란 나무 옆에서 솟아나서 그 나무를 칭칭 감았다. 그것은 거의 나무만큼 튼튼했고, 에이브의 팔뚝만큼 굵었다.

그래서 사라는 마치 어린 다람쥐처럼 덩굴을 타고 올라갔다. 그녀는 덩굴이 구부러진 곳에 앉아서 배가 부를 때까지 머루를 따먹었다.

"에이브, 이제 가자!" 마침내 사라가 소리쳤다.

"아직 안 돼." 에이브가 말했다. "기다려."

그리고 에이브는 계속해서 낚시를 했다.

사라는 껑충 뛰어 땅으로 내려왔다. 근처에는 엄마 로빈새가 아기 로빈새에게 먹이를 주고 있었다. 사라는 그것들이 먹는 벌레가 몇 마리인지 세어보기로 했다. 그래서 나무에 기대 누워있는 통나무 위에 앉아서 세기 시작했다. "하나, 둘, 셋, 넷, 다섯, 여섯, 일곱, 여덟, 아홉, 열…"

사라의 검은 눈이 감겼다. 그녀의 밤색 머리가 끄덕였다. 그러다 잠이 들었다.

그리고 에이브는 계속해서 낚시를 했다.

사라는 자기가 잠이 든 사실을 몰랐다. 얼마나 오래 잤는지도 몰랐다. 그러나 누군가 자기를 흔들어 깨우는 걸 느꼈다. 눈을 뜨자 에이브가 옆에 서 있었다.

"봐!" 그가 말했다. "물고기를 잡았어!"

"그렇게 크지는 않군." 사라가 말했다.

"하지만 물고기를 잡았잖아." 에이브가 말했다. "그게 중요한 거야."

"정말 오래 걸렸어." 사라가 말했다.

"상관없어. 물고기를 잡았으니까." 에이브가 말했다. "이제 집에 가자."

6.
파란 외투에 구리 단추

 그리고 사라와 에이브는 집으로 향했다. 숲 속에 난 오솔길을 따라 걸었다. 길 양 옆에는 엄청나게 큰 나무들이 서 있었다. 둘은 그 좁다란 길을 걸어가면서 끊임없이 재잘댔다.

곰이나 살쾡이나 뱀 얘기는 하지 않았다. 그런 얘기를 하면 안 된다! 곰이나 살쾡이나 뱀에 대해서는 생각도 하지 않았다.

그 대신 에이브의 물고기에 대해서 얘기했다. 그것은

에이브가 처음 잡은 물고기였는데, 에이브는 그걸 손에 들고 갔다. 그는 몹시 자랑스러워했다. 그럴 법도 한 것이, 사라는 손으로 물고기를 잡으려고 해봤기 때문에 그게 얼마나 어려운지 잘 알고 있었다.

"에이브, 등이 아프지 않아?" 그녀가 물었다. "물에서 그렇게 오래 구부리고 있었으니."

"응." 에이브가 대답했다. "하지만 상관없어. 물고기를 꼭 잡아야하니까."

"어머니가 물고기 보면 좋아하시겠다. 저녁 반찬으로 해 주실 거야."

바로 그때 어떤 목소리가 들렸다. 누군가 그들을 불렀다. "얘들아, 기다려!"

아이들이 뒤돌아 보았다. 낯선 사람이 그들에게 다가오고 있었다. 그는 미소를 지으며 손을 흔들었다.

"너희 나랑 얘기 좀 하자." 그가 소리쳤다. "나는 이 숲 속에서 하루 종일 외롭게 혼자 있었단다."

에이브의 회색빛 눈이 커졌다. 그 사람은 파란색 외투에 구리 단추가 달린 옷을 입고 있었다!

에이브는 재빨리 모자를 벗었다.

"아, 아저씨는 군인이시군요!" 그가 말했다.

"그래." 그가 말했다. "난 군인이야. 인디언들과 싸우러 나왔지."

"인디언이요?" 사라가 놀라서 물었다. "인디언들이 우리 오두막에 올까요?"

"걱정할 건 아니야." 그가 말했다. "여기서 아주 멀리 있으니까."

"시원한 물을 한 잔 드릴까요?"

"고마워. 하지만 저 언덕에 샘물이 있길래, 일주일 동안 마실 물을 이미 다 마셨어."

그 군인이 웃자, 에이브와 사라도 웃었다.

"음식을 드릴까요?" 에이브가 물었다.

"그러면 고맙지. 난 배가 고파." 군인이 말했다.

"저희 집에 가셔서 저녁을 드실래요?" 사라가 물었다. "엄마가 좋아하실 거예요."

"아빠도요." 에이브가 말했다. "우리 할아버지도 군인이셨어요."

"고맙지만 난 가야 해. 오늘 야영하면서 저녁을 만들어 먹을게. 머루와 산딸기도 찾아볼게."

"제 물고기를 드릴게요. 저녁 식사로 드세요."

"아니다, 얘야. 너도 한 마리밖에 없잖니?"

"아니에요. 이걸 드리고 싶어요. 아저씨께 뭔가 드리고 싶어요."

"왜 그러니?" 그가 물었다.

"왜냐하면 아저씨가 군인이니까요." 에이브가 말했다.

"참 친절하기도 하지!" 그가 말했다. "그래. 네 물고기를 가져가마. 그리고 저녁 때 구워서 먹을게. 고맙다. 정말 고마워."

"저는 모든 군인들에게 친절을 베풀고 싶어요." 에이브가 말했다.

"그러길 바란다." 그가 말했다. "네가 사는 동안 계속 말이야."

7.
안전이 제일 중요하다

이제 에이브는 이따금씩 함께 놀 남자 아이가 있었다. 그의 이름은 오스틴 골러였다. 그는 놉 크릭 시냇가의 통나무 오두막에서 부모님과 살고 있었다.

골러 가족의 오두막은 링컨 씨네 오두막에서 5킬로미터 거리에 있었다. 거기까지 가는 길은 매우 험했다. 가파른 언덕을 올라가고 가파른 경사를 내려가고 나무뿌리와 바위와 울퉁불퉁한 돌들이 있었다.

그래서 두 가족은 자주 만날 수는 없었다. 그러나 골러 부인은 링컨 부인을 방문할 때마다 오스틴을 데리고 왔다. 그리고 링컨 부인은 골러 부인을 방문할 때마다 에이브를 데려갔다.

오스틴은 에이브보다 두 살 위였다. 하지만 에이브가 어찌나 몸집이 크고 힘이 셌던지, 오스틴이 할 수 있는 건 무엇이든 할 수 있었다.

두 소년이 만나면 아주 재미있게 놀았다. 그들은 숲 속에서 오두막 주변을 돌며 놀거나, 오두막 근처의 시냇가에서 놀았다. 그러나 부모님들은 길에서 멀리 떨어진 깊은 숲에는 절대로 들어가면 안 된다고 했다.

"너희들은 숲 속에 대해서 더 배우기 전까지는 절대로 들어가면 안 된다." 링컨 씨가 말했다. "매우 위험한 곳이야."

"그럼." 골러 씨가 말했다. "숲 속의 언어를 이해하지 못하는 사람에게는 대단히 위험한 곳이지."

"그게 무슨 뜻이죠?" 오스틴이 물었다.

"어떻게 숲 속에 언어가 있죠?" 에이브가 궁금해했다.

"숲 속에는 여러 가지 소리와 경고 소리가 있는데, 그게 무슨 뜻인지를 먼저 배워야 해." 골러 씨가 말했다.

"그걸 모두 배우고 나면, 숲 속의 언어를 알아듣게 되는 거야."

"만일 그 경고소리에 순종하지 않으면, 다시는 살아서 돌아오지 못하는 수도 있어." 링컨 씨가 덧붙였다.

두 소년은 순종했다. 그들은 단 한 번도 몰래 깊은 숲 속에 들어가서 논 적이 없었다.

몇 달이 지났다. 그러던 어느 날 링컨 씨가 말했다. "너희들, 이제 숲에 대해서 공부할 나이가 됐어. 언제 공부를 시작할까?"

"지금요." 에이브가 말했다. "지금 괜찮으시다면요."

"네." 오스틴이 말했다. "지금 가르쳐주세요."

먼저 링컨 씨는 그들에게 인디언처럼 소리내지 않고 걷는 법을 가르쳐주었다. 마른 잎을 밟지 않고 걷는 법, 걸어가는 도중에 가지를 건드려서 부러뜨리지 않는 법을 배웠다. 덤불 사이를 헤치고 갈 때 잎이 떨어지지 않게 하는 법을 배웠다. 자기가 지나간 길을 덮는 법과 다른 사람들이 지나간 길을 따라가는 법을 배웠다.

링컨 씨는 그들에게 들키지 않게 숨는 법과 풀잎 하나 움직이지 않도록 소리 없이 기어가는 법을 보여주었다.

그들은 이 모든 것을 하루에 배웠다. 두 소년은 그 뒤로도 몇 달이고 배운 것을 반복해서 연습했다.

마침내 링컨 씨가 만족스러워 했다.

"너희 둘, 이제 참 잘 하는구나. 마치 인디언 소년들 같아."

듣기 훈련

그러고 나서 링컨 씨는 소년들에게 숲의 소리를 듣는 법을 가르쳐주었다. "새와 짐승의 소리를 모두 알아야 해." 그가 말했다. "그리고 그 소리가 뭘 뜻하는지도."

그는 독수리와 흑표범의 울음, 뱀과 방울뱀이 찰랑대는 소리, 살쾡이의 비명과 곰이 내는 여러 가지 으르렁거리는 소리를 가르쳐주었다.

이 모든 소리를 익히는 데는 시간이 오래오래 걸렸다. 그것은 마치 산수문제처럼 어려웠지만, 두 소년은 꾸준히 반복해서 익혔다. 그리고 얼마 후 그들의 귀는 마치 면도날처럼 날카로워졌다.

그들은 들새가 부르면 대답할 수 있었다. 부엉이 못지 않게 '우우!' 소리를 잘 냈다. 그러나 독수리 소리를 들으면 얼른 숨어야 한다는 걸 알았다. 그리고 찰랑거리는 방울뱀 소리가 들리면 즉시 집으로 달려가야 한다.

발자취 따라가는 훈련

골러 씨는 두 소년에게 짐승과 새와 뱀의 자취를 가르쳐주었다. 이 또한 오랜 시간이 걸리는 공부였다. 그러나 두 소년은 꾸준히 연습했고, 얼마 후 그들의 눈은 귀 못지 않게 날카로워졌다.

여우의 자취를 따라 여우굴에 가자 거기에는 잘 생긴 여우가 있었다.

토끼 자취를 따라 토끼굴에 가자 거기에는 아기 토끼들이 있었다.

사슴 자취를 따라가자 한 예쁜 사슴이 연못에서 물을 마시고 있었다.

두더지 자취를 따라가자 두더지 한 마리가 집을 짓느라 땅을 파고 있었다.

비버의 자취를 따라가니 거기에는 비버가 나무를 자르고 있었다.

하지만 어떤 자취는 따라가지 않았다.

"얘들아." 골러 씨가 알려주었다. "곰의 자취를 보면, 반드시 다른 방향으로 가야 한다. 절대로 흑표범 자취나 살쾡이 자취를 따라가면 안 된다."

두 소년은 순종했다. 그들은 숲 속에서는 "안전이 제일 중요하다"는 걸 알았다.

그들은 이제 뭔가가 지나간 흔적을 스스로 발견할 수

있었다. 나뭇가지가 부러져 있으면 눈에 보였고, 이끼가 짓뭉개져 있으면 그것도 보였다.

  어느 날 그들이 보니 멀리 쓰러져있는 통나무가 움직이는 것 같았다. 그래서 두 소년은 통나무 쪽으로 달려갔을까? 그리고 그 위에 껑충 올라갔을까? 비명을 지르거나 큰 소리로 웃었을까?

  절대로 안 된다! 그들은 나무 뒤에 숨어서 관찰했다. 단 한마디도 하지 않았다. 아무 소리도 내지 않았다.

  통나무는 다시 움직였다. 그러자 뭔가가 보였다. 커다란 검은색 곰이었다!

  두 소년은 집으로 달렸다. '걸음아 날 살려라'하며 달렸다.

  이렇듯 그들은 멈춰서 관찰하고 귀를 기울이는 법을 배웠다. 안전이 제일 중요하다는 사실을 배웠던 것이다.

9.
숲 속에서 우는 소리가 들리다

　　어느 여름날 에이브와 오스틴은 숲 속에서 놀고 있었다. 그들은 커다란 머루 덩굴에 매달렸다. 그리고 푸른 하늘을 향해, 멀리 시냇가까지 닿도록 힘껏 그네를 탔다. 신 나는 놀이였다. 그들은 웃으며 노래하며 휘파람을 불었다.

그때 오스틴이 말했다. "인디언 놀이 하자."

"좋아." 에이브가 말했다. "동굴로 가자. 인디언 놀이 하기에는 그곳이 안성맞춤이야."

그들은 덩굴에서 바닥으로 껑충 뛰어내린 뒤 동굴 쪽

으로 갔다.

"맞아." 오스틴이 말했다. "이 세상에 그 동굴보다 더…"

바로 그때 이상한 소리가 들렸다. 울음 소리였다. 두 소년은 즉시 멈췄다.

"무슨 소리지?" 오스틴이 속삭였다.

"아기가 우는 소리 같아."

"숲 속에 아기가 어딨어?" 오스틴이 말했다. "그럴 리가 없어, 에이브."

"물론 그럴 리 없지, 오스틴. 아기 소리 같다고 했잖아."

그때 그 소리가 다시 들렸다.

"무슨 소린지 모르겠어." 오스틴이 말했다.

"저 덤불에서 들리는 소리야." 에이브가 말했다. "가서 봐야겠어."

오스틴이 에이브의 팔을 붙잡았다. "거기로 가지 마!" 그가 말했다. "흑표범일 수도 있어. 흑표범 소리는 마치 아기 소리 같아."

"하지만 뭔가가 크게 다쳤을지도 몰라." 에이브가 말

했다. "다시 소리가 들릴 때까지 기다려보자." 에이브가 말했다.

"쉬--." 오스틴이 말했다. "또 들린다!"

"뭔가 크게 다친 것 같아." 에이브가 말했다. "아무래도 그런 소리야. 내가 가 봐야겠어!"

그는 덤불로 달려갔다. 오스틴은 잠깐 기다리다가 뒤따라 갔다. 친구가 가는데 안 따라갈 수는 없지 않은가?

두 소년이 덤불에 다다르자 다시 소리가 들렸다. 바로 그들이 서 있는 곳 옆에서 나는 소리였다.

그들이 덤불을 둘로 가르자, 거기에는 에이브가 짐작

한 대로 상처 입은 동물이 있었다. 작은 개가 다리가 부러진 채 누워 있었던 것이다.

"가엾은 강아지, 가엾은 강아지." 에이브가 말했다.

"가엾은 강아지." 오스틴이 말했다.

강아지는 그들을 쳐다보았다. 그리고 계속 울었다.

"울지마, 강아지야." 에이브가 말했다. "내가 다리를 고쳐줄게. 난 어떻게 하는지 알아."

그는 뻣뻣한 나무껍질을 잘라 버팀목을 만들었다. 그리고 그걸 부러진 다리에 대고 부드러운 나무껍질로 감았다. 오스틴은 그 모습을 관찰했다. "나도 어떻게 하는지 배우고 싶어." 그가 말했다.

"아빠가 가르쳐주셨어." 에이브가 말했다.

가엾은 어린 강아지는 이제 울음을 멈추고 에이브의 손을 핥았다. 그건 이런 뜻이었다. "고마워."

"그 강아지를 우리 동굴에 숨겨주자." 에이브가 말했다. "강아지가 걸어갈 수 있을 때까지."

"바로 그거야!" 오스틴이 말했다. "내가 먼저 가서 잎으로 침대를 만들어 놓을게."

에이브는 부드럽게 개를 들어서 동굴로 안고 갔다. 그

리고 잎으로 만든 침대 위에 살짝 내려놓고, 머리를 쓰다듬었다.

"오스틴, 내가 이 개를 돌봐 줄게." 에이브가 말했다. "우리집이 여기서 더 가깝잖아."

"나도 가능한 한 와서 돌봐 줄게." 오스틴이 말했다. "너도 내 마음 알잖아."

"물론이지. 너도 나만큼 저 불쌍한 개가 배고픈 걸 못 참지."

그리고 두 소년은 다시 한 번 개를 쓰다듬어 주고 그곳을 떠났다.

그날 저녁 에이브는 음식과 물을 가지고 개에게 갔다. 날마다 먹이를 갖다 주었다. 날마다 물을 갖다 주었다. 날마다 새 잎으로 침대를 갈아주었다. 개가 걷기 시작하자 에이브는 그 개를 데리고 집으로 왔다. 부러진 다리는 굽었지만 이제 힘이 세졌다.

에이브는 그 개를 허니라고 불렀다. 그 개를 너무 사랑했기 때문이었다. 그 개는 에이브를 몹시 좋아했고 그가 가는 곳마다 따라다녔다.

9.
멈춰서 보기

링컨 씨가 오두막집에 들어와서 주변을 둘러보았다. 링컨 부인이 저녁식사 준비를 하고 있었다. 사라는 어머니를 도와드리고 있었다. 그런데 에이브가 안 보였다.

"에이브는 어디 갔죠?" 그가 물었다.

"브라운 부인에게 사슴고기를 갖다 드리라고 보냈어요." 링컨 부인이 말했다.

"언제 나갔죠?"

"점심 먹자마자 나갔어요. 지금쯤 돌아올 때가 됐는데…"

"당연하죠. 보나마나 숲 속에서 놀고 있을 거예요."

"토마스, 브라운 씨댁까지 왔다갔다 하려면 오래 걸릴 거예요. 가파른 언덕을 두 개나 넘어야 하잖아요."

"나도 알아요. 하지만 이미 한 시간 전에는 돌아왔어야 해요. 장작을 패야 하는데, 나 혼자서는 통나무를 들 수가 없어요. 불은 벌써 꺼져버렸는데."

그리고 링컨 씨는 꺼져가는 불가에 앉아 기다렸다. 십 분이 지났다. 십오 분, 이십 분.

저녁식사가 준비됐다. 모두 에이브가 오기를 기다렸다.

"에이브는 항상 늦어요." 링컨 씨가 말했다. "노는 것만 생각한단 말이에요."

"아빠, 에이브는 노는 게 아니에요." 사라가 말했다. "그는 멈춰서 관찰을 해요."

"뭘 말이냐?" 링컨 씨가 말했다.

"나무, 구름, 풀, 돌, 그런 것들 말예요."

링컨 씨는 인상을 찡그렸다. "쓸데 없는 짓이야." 그가 말했다. "못된 습관이라고."

갑자기 링컨 부인이 미소를 지었다. "에이브가 허니에

게 휘파람 부는 소리가 들렸어요. 일 분이면 들어올 거예요."

아니나 다를까 에이브와 허니가 캄캄한 숲 속에서 나왔다. 그리고 곧 오두막으로 들어와서 모자를 나무 못에 걸었다.

"브라운 부인께서 사슴고기 고맙다고 하셨어요." 에이브가 어머니에게 말했다.

"벌써 한 시간 전에는 돌아왔어야지." 아버지가 말했다.

"이렇게 늦은 줄 몰랐어요. 뭘 보고 있었어요."

"넌 항상 뭘 보고 있어." 링컨 씨가 화가 나서 말했다.

"다음에는 늦지 않을게요." 에이브가 말했다.

"뭘 봤어?" 사라가 물었다.

"응, 언덕 위에 있는 키 큰 포플러나무."

"넌 그걸 적어도 백 번은 봤을 거다." 링컨 씨가 말했다.

"하지만 그게 밤에 어떻게 보이는지는 처음 봤어요. 그 나무는 한쪽으로 기울어 있잖아요, 안 그래요, 아빠?"

"그래. 기울어서 어쨌단 말이냐?"

"멀리 브라운 씨 오두막집 굴뚝에서 연기가 위로 올라갔어요. 그래서 연기와 나무가 서로 교차했어요."

"그걸 한 시간 동안이나 봤단 말이냐?" 링컨 씨가 넌더리를 내며 말했다.

"오랫동안 봤어요. 그 연기가 항상 나무랑 엇갈려서 올라가는지 궁금했어요. 그랬어요. 참 예뻤어요."

"나도 언젠가 밤에 그걸 한 번 봐야겠구나." 착한 낸시 링컨이 말했다.

"나무니 연기니 그런 걸 바라보는 건 쓸데없는 짓이야." 링컨 씨가 말했다. "넌 시간을 낭비하고 있어. 이제 그만둬, 알겠니?"

"다음에는 곧장 집으로 올게요."

"저녁식사가 준비됐어요!" 링컨 부인이 말했다.

"장작을 패서 벽난로에 넣을 때까지는 저녁을 먹을 수가 없어." 링컨 씨가 말했다. "에이브, 이리 와서 통나무 나르는 걸 도와 줘."

10.
불

그로부터 몇 주가 지난 어느 날 밤 이웃사람이 황급히 링컨 씨네 오두막으로 달려왔다. 그는 문을 두드리지도 않았다. 모자도 벗지 않았다. 링컨 부인이나 링컨 씨에게 말을 걸지도 않았다. 사라나 에이브에게 말을 걸지도 않았다. 왜 자기가 커다란 물동이를 들고 왔는지도 말하지 않았다. 왜 그 물동이가 비어 있는지도 말하지 않았다.

그냥 문간에 서서 소리쳤다. "불이야! 불! 브라운 씨 오두막에 불이 났어!"

"곧 갈게." 링컨 씨가 벌떡 일어서며 말했다.

"저도 갈게요." 에이브도 말했다.

브라운 씨 가족은 링컨 씨 집에서 제법 떨어진 곳에 살고 있었다. 그렇지만 개척지 주민들은 이웃이 곤경에 빠졌을 때 항상 발벗고 나서서 도와주었다.

그래서 링컨 씨는 큰 물동이를 집었다. 링컨 부인은 그에게 모자를 주었다. 에이브도 물동이를 집었다. 사라가 그에게 모자를 주었다.

그리고 링컨 씨와 이웃사람이 뛰쳐나갔다. 에이브도 뒤따라 나갔다.

"저도 갈래요!" 사라가 말했다.

"안 돼, 사라." 어머니가 말했다. "엄마와 집에 있어야 해."

"하지만 한 번도 불을 본 적이 없어요. 저도 가게 해 주세요!" 사라가 말했다.

"개울을 건너야 해. 캄캄한데 통나무 다리를 달리면서 건너갈 수 있겠니?"

사라가 고개를 떨어뜨렸다. 어머니가 계속 말했다. "가파른 언덕을 토끼처럼 뛰어 올라가고? 다른 사람들이 뛰어갈 때, 넌 뒤처질 거야."

"집에 있을게요, 엄마." 사라가 말했다.

링컨 부인이 말한 대로였다. 두 남자와 에이브는 어둠 속에서 개울을 건넜는데, 통나무 다리를 달려서 건넜다! 가파른 언덕이 나오자, 그들은 토끼처럼 뛰어 올라갔다. 간간이 에이브가 발을 헛디뎌 넘어졌지만, 아무렇지도 않았다. 그리고 언덕 꼭대기까지 뛰어 올라갔다.

이제 연기가 선명하게 보였다. 커다란 연기가 구름처럼 뭉게뭉게 컴컴한 하늘 위로 올라갔다.

"브라운 씨 집 오두막이야." 이웃 사람이 말했다. "보나마나라고."

"그럼, 보나마나지." 링컨 씨가 말했다. "얼른 가자고!"

"잠깐만요!" 에이브가 말했다. "가지 마세요!"

두 남자는 어안이 벙벙했다. 그들은 돌아서서 에이브를 바라보았다. 에이브는 커다란 포플러나무 옆에 서서 손가락으로 그걸 가리켰다.

"이 나무를 보세요." 그가 말했다. "그 뒤에 연기가 보이세요?"

"무슨 쓸데없는 짓이냐?" 링컨 씨가 말했다. "나무 그만 쳐다보고 얼른 가자."

"갈 필요가 없어요." 에이브가 말했다. "브라운 씨 오

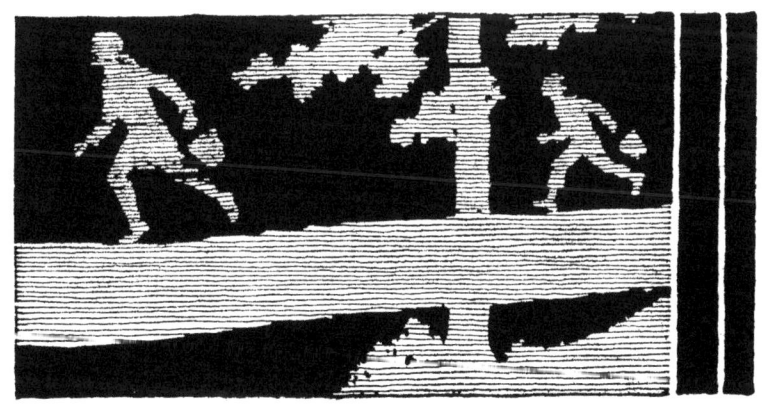

두막에는 불이 나지 않았어요. 그 굴뚝에서 나오는 연기는 항상 이 나무랑 엇갈려서 올라갔어요. 나무가 옆으로 휘었기 때문에 연기와 교차했어요. 얼마 전 밤에 제가 봤어요."

"그렇지." 링컨 씨가 말했다. "얼마 전에 네가 그런 얘기를 했지."

에이브가 연기를 손가락으로 가리켰다. "저 연기는 이 나무와 교차하는 게 아니라 남쪽에 있어요. "그 지점은 브라운 씨 오두막집에서 한 참 더 가야 해요."

"그렇다면 불이 어디서 난 거냐?" 이웃사람이 물었다. "어느 집에 불이 난 거지?"

"아무 집에도 불이 나지 않았어요." 에이브가 말했다. "저 불은 브라운 씨 농장의 언덕에서 올라가는 불이에요. 아마도 통나무를 태우고 있는 것 같아요."

"아, 그리고 보니 이제 기억 나는군." 이웃사람이 말했다. "브라운 씨가 통나무를 태우겠다고 말했는데, 깜빡 잊고 있었어."

그리고 그는 에이브에게 말했다. "얘야, 멀고 먼 고생길을 네가 막아줬구나."

그리고 두 남자와 에이브는 다시 언덕을 내려왔다. 두 남자는 말이 없었다. 에이브는 아버지가 화가 났을까봐 염려가 되었다.

언덕 아래에 오자 이웃사람이 멈췄다. "에이브, 저 포플러나무가 브라운 씨네 굴뚝에서 나오는 연기와 교차한다는 걸 어떻게 알았지?"

"어느 날 밤에 봤어요. 그걸 너무 오래 바라보고 있다가 저녁식사에 늦었어요." 에이브가 말했다.

"그리고 내가 야단을 쳤지. 그런 것들 그만 보라고 혼내 줬지." 링컨 씨가 말했다. "이제 보니 내가 실수를 했군."

"큰 실수야, 토마스." 이웃사람이 말했다. "에이브가 뭐든지 관찰하도록 내버려 둬. 그는 앞으로 켄터키 주가 낸 사람들 중 가장 영리한 사람이 될 테니까."

링컨 씨는 에이브가 도중에 멈춰서 관찰하는 것을 더 이상 야단치지 않았다. 그 뒤로 오랫동안.

11.
고마워, 허니

방앗간 주인이 문간으로 나왔다. "에이브. 네 옥수수가루 다 됐어!" 그는 잠시 기다렸으나 에이브는 오지 않았다.

방앗간 주인이 다시 불렀다. "에이브! 에이브 링컨! 네 옥수수가루 다 됐어!"

그는 또 다시 기다렸으나, 에이브는 여전히 나타나지 않았다.

방앗간 주인은 이해를 할 수가 없었다. 에이브는 종종 아버지가 주시는 옥수수를 가지고 방앗간으로 왔고, 그것을 다 빻을 때까지 거기서 기다렸다.

한 번은 그가 하루 종일 기다렸다. 그러나 조금도 불평을 하지 않았다. 그는 옥수수 가루가 완성될 때까지 한 번도 집에 가지 않고 기다렸다.

그러니 방앗간 주인은 이상할 수밖에 없었다. 이제 그는 약간 화가 나려고 했다. 지금 다른 손님들이 기다리고 있는데 그는 에이브를 찾느라고 시간을 허비하고 있기 때문이다.

사람들이 밖에서 얘기를 하면서 방앗간 쪽으로 올라왔다. 그들은 지체되는 것을 싫어했다. 모두들 서둘러야 했다. 어두워지기 전에 모두 집에 돌아가야 하기 때문이다.

그들은 작은 다리를 건너 방앗간으로 다가오고 있었다. 방앗간 주인은 그들의 얼굴을 볼 수 있었다. 그런데 그 중 한 사람도 화가 나지 않은 걸 보고 놀랐다. 오히려 모두들 걱정하는 표정이었다.

그들은 불안한 목소리로 방앗간 주인에게 말했다.

"에이브가 안 보여." 그 중 한 사람이 말했다. "한참 전에 숲 속에 들어가는 걸 봤는데."

"나도 봤지." 또 다른 사람이 말했다. "개를 데리고 말이야."

"나도 봤어." 또 다른 사람이 말했다.

"얼마나 됐지?" 방앗간 주인이 물었다.

"한 시간 정도 된 것 같아."

"한 시간은 충분히 됐지." 첫 번째 사람이 말했다.

"그렇다면 길을 잃어버린 것 같아." 방앗간 주인이 말했다. "일곱 살밖에 안됐으니까."

"일곱 살이라고? 그런 어린 아이가 옥수수를 싣고 방앗간에 온다는 건가?"

"그래." 방앗간 주인이 말했다. "에이브는 안장도 없이 말을 타고, 옥수수 자루를 뒤에 싣고 오지. 그리고 값을 치르고 옥수수 가루를 가지고 돌아가."

"내 아들은 여덟 살인데도 그렇게 못하는데." 네 번째 사람이 말했다.

"에이브는 나이에 비해서 무척 커." 두 번째 사람이 말했다.

"그는 영리해서 길을 잃어버리지 않을 거야." 첫 번째 사람이 말했다. "숲 속에 대해서도 잘 알거든."

"그리고 방앗간으로 반드시 돌아와야 한다는 것도 알지." 방앗간 주인이 말했다.

"그럼 무슨 일이 일어난 게 틀림없어." 두 번째 사람이 말했다. "지금은 곰이 새끼를 낳는 시기라 매우 사납거든."

"살쾡이와 흑표범도 사납지." 첫 번째 남자가 말했다.

"우리 모두 그를 찾아 나서야겠어." 방앗간 주인이 말했다.

"맞아! 맞아!" 모두들 이렇게 말했다.

"앞장 서라고." 방앗간 주인이 첫 번째 남자에게 말했다. "에이브가 숲 속에 들어가는 걸 자네가 봤으니."

"따라들 오게!" 첫 번째 남자가 말했다.

그들은 한 줄로 서서 작은 다리를 건넜다. 물레방아를 지나갔다. 그리고 시냇가를 따라 내려가 빈터를 지나갔다. 이제 숲의 입구에 다다랐다.

"에이브가 이쪽으로 들어갔어." 첫 번째 사람이 말했다.

"그럼 들어가보지." 다른 사람들이 말했다.

그러나 바로 그때 무슨 일이 일어났다. 모두들 그 자리에 멈췄다.

　작은 개가 숲 속에서 뛰어나온 것이다!

　"허니!" 방앗간 주인이 소리쳤다.

　"허니!" 다른 사람들도 소리쳤다.

　그것은 허니였다. 허니는 날카롭게 짖어댔다. 방앗간 주인이 손을 내밀자, 허니는 껑충 뛰어 그의 발을 내밀었다.

　그의 눈은 불안하고 어두웠다. 그가 하는 행동과 그가 짖는 소리는 이렇게 말하는 것이 분명했다. "에이브에게 큰 일이 났어요! 도와주세요!"

　허니는 다른 사람들한테도 가서 불안한 눈빛으로 그들을 쳐다보았다. 그리고 계속해서 날카롭게 짖었다.

　이제 그는 숲 속으로 달려갔다. 가다가 갑자기 멈추더니 뒤를 돌아보았다. 그리고 또 다시 날카롭게 짖었다. 이렇게 말하는 것 같았다. "이리 와요! 나를 따라 와요!"

　"우리더러 따라 오라고 하는 거야." 한 사람이 말했다. "자꾸 뒤돌아서 우리를 쳐다보잖아."

　"에이브에게 무슨 일이 일어난 거야." 다른 사람이 말했다. "그래서 허니가 와서 우리에게 알려주는 거야."

"저 개가 우리를 에이브에게 데려다 줄 거야." 다른 사람이 말했다. "자, 가자고!"

그들은 허니를 따라갔다. 허니는 그들을 숲 속 깊은 곳으로 인도했다. 마침내 그는 동굴 앞에서 멈췄다. 그는 뒤돌아보고 짖더니, 얼른 동굴로 들어갔다.

사람들은 허니를 따라 들어갔다. 동굴 속은 어두워서 처음에는 앞이 안 보였다.

곧 그들의 눈이 어둠에 적응을 하자, 걸음을 재촉했다. 곧 아이 목소리가 들렸다. "도와 줘요! 도와 줘요!"

"에이브 목소리 같아!" 방앗간 주인이 말했다.

"우리가 간다, 에이브! 우리가 가!" 그들이 소리쳤다.

그들은 곧 에이브를 찾았다. 그는 말은 할 수 있었으나 움직일 수가 없었다. 커다란 바위 두 개 사이에 끼어 있었다.

"도대체 어떻게 된 거냐, 에이브?" 방앗간 주인이 물었다.

"제가 이 바위를 기어오르고 있었어요." 에이브가 말했다. "그러다 갑자기 커다란 바위가 굴러 떨어졌어요. 저는 이 사이에 끼어 꼼짝도 할 수가 없었어요."

"하마터면 네가 그 바위에 깔려 죽을 수도 있었어." 그 중 한 사람이 말했다.

그들은 조심해서 일했다. 서서히 바위를 굴리자, 드디어 에이브가 빠져나왔다.

그는 자기를 구해준 어른들에게 감사를 드렸다.

"우리한테 고마와할 것 없다." 그들이 말했다. "허니에게 고맙다고 해라!"

허니는 짖고 또 짖었다. 그건 이런 뜻이었다. "내가 어른들을 여기까지 모시고 왔지. 내가 가서 얘기했어."

그들은 모두 허니를 보고 웃으며 등을 쓰다듬었다. 에이브도 그를 쓰다듬었지만, 웃지는 않았다.

"하마터면 허니가 저 바위 밑에 깔려 죽을 수도 있었어요!" 그가 말했다.

12.
인디애나로

지친 말 두 마리가 어슬렁어슬렁 걸어 가고 있었다. 한 마리에는 검은 눈동자의 예쁜 낸시 링컨이 타고 있었다. 사라를 앞에 태웠다. 에이브도 말을 탔는데, 그 뒤에는 짐이 한 가득 실려 있었다. 링컨 씨는 말 옆에서 걸어가고 있었다.

그들은 하루 종일 여행을 했다. 그 전날, 그리고 그 전날도 여행을 했다.

"크고 넓은 강에 언제 도착하죠?" 사라가 물었다.

"저녁 때면 도착할 거라고 생각했지." 링컨 씨가 말했다. "하지만 안 되겠어. 말이 너무 지쳤거든. 적당한 곳을 찾아서 야영을 해야겠다. 아, 저기가 좋겠군! 길 옆에 샘이 있으니까. 정말 운이 좋은 걸!"

곧 모두들 분주하게 움직였다. 링컨 씨는 말에게 음식을 주고 물을 먹였다. 에이브는 나무를 모아서 불을 피웠다. 링컨 부인은 베이컨과 옥수수빵을 구웠다. 사라는 짐에서 담요를 꺼내서 나뭇잎 위에 깔았다.

저녁 식사가 준비되자, 링컨 가족은 통나무 위에 앉아서 먹었다. 아, 그 베이컨과 옥수수는 정말 맛있었다! 퐁퐁 솟는 샘물은 정말 시원했다!

그들은 두고 온 놉 크릭 시냇가의 집에 대해서 얘기했다. 그 집을 떠나는 게 슬펐다.

"하지만 우리 새 집은 더 예쁠 거야." 어머니가 말했다. "그 집은 작은 언덕 위에 있지."

"애들아." 아버지가 말했다. "거기는 곳곳에 호두나무와 개암나무가 많이 있단다."

"나는 호두가 참 맛있어." 사라가 말했다.

"나도." 에이브가 말했다. "개암나무 열매도 맛있어.

하지만 오스틴과 헤어져서 서운해."

"오스틴이 우리를 만나러 올 수 있을 거야." 어머니가 말했다.

"그 중에서도 최고는 인디애나에서는 옥수수가 더 잘 자라고, 그러면 나는 켄터키 주에서보다 돈을 더 잘 벌 수 있다는 거지."

"틀림없이 그럴 거예요, 토마스." 어머니가 말했다. "애들아, 잘 시간이다."

"밤새도록 불을 피울 건가요?" 사라가 물었다.

"응. 그래야 돼." 아버지가 말했다. "이 주변 숲에는 들짐승이 많거든."

"제가 불 지키는 걸 도와드릴까요?" 에이브가 물었다.

"나중에 널 부를게. 처음에는 아빠가 보고."

다른 사람들은 모두 잠자리에 들었다. 모두들 옷을 입은 채 담요를 둘둘 감고 깊은 잠에 빠졌다.

갑자기 에이브는 아버지가 부르는 소리를 들었다. 그가 보초를 설 차례였다. 그는 벌떡 일어나 불가로 갔다.

"이건 불도 아니잖아." 그가 말했다. 그리고 불꽃이 활활 타오르도록 장작을 가득 넣었다.

"들짐승이 멀리서 보고 이 근처에 얼씬도 못하게 해야지."

그리고 그는 장작을 더 많이 넣고는 오랫동안 불이 활활 타오르게 했다.

갑자기 그는 불이 꺼져가는 것을 깨달았다. 장작을 더 넣으려고 찾아봤지만, 모두 떨어지고 없었다. 그는 덜컥 겁이 났다.

'이제 어떡하지?' 그가 생각했다. '나무를 가지러 저 어두운 숲 속에 들어갈 수도 없고.'

곧 불꽃이 꺼져버렸다. 이제 연기만 올라갔다. 주변에는 캄캄한 숲으로 둘러싸여 있었다. 새카만 어둠뿐이었다.

그때 어둠 속에서 초록색 빛이 두 개 보였다. 들짐승의 눈이었다! 그 눈은 에이브 쪽으로 다가오고 있었다! 점점 더 가까이 왔다!

"아빠!" 그가 소리쳤다. "아빠! 아빠!"

"일어나라! 일어나!" 아버지가 말했다.

에이브는 눈을 뜨더니 일어나 앉았다. 날은 환히 밝았다. 불은 여전히 타고 있었다. 베이컨과 옥수수 빵이 구워지고 있었다.

"불이 다 꺼져버린 줄 알았어요." 에이브가 말했다. "초록색 눈 두 개가 저를 쳐다보고 있었어요."

"무서운 꿈을 꿨구나." 어머니가 말했다.

"제가 일어나서 불을 지킨 적 없어요?"

"아니." 아버지가 말했다. "엄마와 내가 했다."

"꿈이라서 다행이에요." 에이브가 말했다. "하지만 밤새 불을 지키는 법을 배웠어요."

"어떻게 말이냐?" 아버지가 물었다.

"불꽃을 아주 작게, 활활 타지 않게. 나무를 조금씩 넣어야 해요."

"이 아이는 자면서도 배우는구먼." 아버지가 말했다.

모두들 웃었다. 에이브가 담요에서 기어 나왔다. 사라도 담요에서 기어 나왔다. 그들은 샘에 가서 얼굴을 씻고 머리를 빗었다. 이제 아침 먹을 준비가 되었다.

또 다시 링컨 가족은 통나무에 앉아 베이컨과 옥수수빵을 먹었다. 그리고 아름다운 오하이오강을 향해서 여행을 계속했다.

13.
개척지대로

링컨 가족은 연락선에 올라탔다. 말과 짐도 실었다. 그리고 오하이오강을 건넜다. 그들이 반대편 기슭에 도착하자, 그곳은 켄터키 주가 아니라 오하이오 주였다. 그러나 그들의 집까지는 아직도 먼 길이었다.

링컨 씨는 수레를 빌려서 말 뒤에 묶었다. 다른 식구들은 짐을 모두 수레에 싣고 그 위에 올라탔다. 그리고 개척지대를 향해서 나아갔다.

링컨 부인과 아이들은 그렇게 빽빽한 숲은 처음 보았

다. 그 숲은 마치 끝이 없는 것 같았다.

그들은 아주 천천히 가야 했다. 왜냐하면 길이 좁고 울퉁불퉁했기 때문이다. 때때로 링컨 씨는 도끼로 나뭇가지를 잘라내며 수레가 지나갈 수 있게 만들었다.

물론 에이브도 도왔다. 그는 켄터키에서 아버지를 도와 드렸기 때문에 도끼를 사용할 줄 알았다.

길은 매우 험했다. 때때로 수레가 큰 나무 뿌리에 걸려 덜컹거렸다. 그럴 때면 온 가족이 공중으로 붕 떴다가 내려왔다.

그렇다 해도 링컨 가족은 아무렇지도 않았다. 그럴 때마다 모두 웃음을 터뜨렸다.

"참 재밌어." 에이브가 말했다.

"나도." 사라가 말했다.

이제 널찍한 시내를 건너야 했다. 아이들은 물이 점점 수레까지 올라오는 것을 지켜보며 겁에 질렸다.

어머니도 마음이 편치 않은 것 같았다. "토마스!" 그녀가 불렀다. "물이 수레까지 차려고 해요!"

"상관없어요." 링컨 씨가 말했다. "햇빛에 나가면 곧 마를 거예요. "우리는 소금도 아니고 설탕도 아니니까."

"맞아요." 어머니가 말했다. "아이들처럼 시냇물에서 놀기로 하죠 뭐."

그것은 아이들에게 대단히 재미있는 놀이였다. 물이 수레 위까지 올라오자, 발목이 물에 잠겼다. 그들은 제자리에 가만히 앉아서 물장구를 쳤다.

그때부터 아이들은 또 다시 시내를 건너기만 기다렸다. 그들은 그렇게 해서 점점 더 거대한 서부의 개척지로 들어갔다. 덜컹거리며, 물장구치며, 웃으며 갔다.

통나무 오두막

마침내 그들은 링컨 씨가 사 놓은 땅에 도착했다. 거기에는 빈터도 없고 오두막도 없고 헛간도 없었다. 오로지 빽빽한 숲밖에는 아무 것도 없었다.

아이들은 인디언이나 들짐승을 무서워할 새가 없었다. 곧바로 일을 해야 했기 때문이다.

링컨 씨와 에이브는 작은 나무를 잘라서 기둥을 세우고 헛간을 만들었다. 아늑하지는 않았으나, 적어도 비나 눈을 가릴 수는 있었다.

그리고 새 통나무 집을 지었다. 커다란 나무를 잘라서

통나무를 만들어야 했다. 통나무는 일정한 길이로 잘라야 했다. 큰 둥치는 뽑거나 불에 태워야 했다.

그것은 고된 노동이었다. 날씨는 춥고 눅눅했다. 겨울 내내 맑은 날이면 에이브는 아버지와 함께 쉬지 않고 일했다.

링컨 부인과 사라는 음식을 찾으러 나섰다. 링컨 부인은 링컨 씨만큼 총을 잘 쏘았다. 때로는 사슴을 잡아왔고, 때로는 청설모와 토끼를 잡아왔다.

헛간 앞에는 작은 터가 있었는데, 거기다 모닥불을 지폈다. 그리고 거기서 요리를 했다.

마침내 오두막이 거의 완성되었다. 아직 바닥도 깔지 않았고 창문이나 문도 없었다. 그러나 링컨 가족은 그 집으로 들어왔다. 헛간보다는 나았던 것이다. 어머니는 아버지가 나무를 다 베어내고 옥수수밭을 만들 때까지 그런 상태로 지낼 수 있다고 말했다.

어머니는 새 오두막집을 좋아했다. 그것은 매우 아름다운 곳에 있었기 때문이다. 커다란 숲 속 한 가운데 약간 솟은 언덕 위에 있었다. 호두나무와 개암나무가 오두막에 그늘을 드리웠다. 둘레에는 파파나무와 사사프라나무들이 있었다. 야생 머루덩굴과 약초 덤불과 산딸기 등 갖가지 베리덤불이 있었다.

그곳에서 링컨 부인은 행복했다. "토마스." 그녀가 말했다. "집터를 정말 아름다운 곳에 잡았어요."

그녀는 문이 없는 출입구에 곰가죽을 걸어놓고, 흙으로 된 마룻바닥에는 사슴가죽을 펼쳐놓았다.

때때로 사라와 에이브는 호두와 개암나무 열매를 먹었다. 또 다른 때에는 조용히 앉아서 아버지가 들려주는 인디언 얘기를 들었다. 시간 가는 줄 모르고 듣고 있다 보면 어머니가 "얘들아, 잘 시간이다!"라고 말했다.

그러면 에이브는 벽에 박아놓은 나무 못을 밟고 다락으로 올라갔다. 그리고 향기로운 나뭇가지 더미 위에 두꺼운 모직 담요를 깔고 잤다. 베개는 없었지만 곰가죽을 이불 삼아 덮고 따뜻하고도 행복하게 잠을 잤다.

링컨 가족은 이제 모두 함께 행복하게 살았다. 그 오두막은 그들의 안식처였다. 모두가 그 집을 좋아했다.

14.
어머니의 계획

링컨 부인은 인디애나의 새 집을 좋아했지만, 한 가지만 예외였다. 그 피존 크릭 정착지에는 학교가 없었던 것이다. 그러나 낸시 링컨은 아이들이 학교에 가기를 바랐다.

그녀는 어릴 때 학교에 다녔고, 읽고 쓸 줄 알았다. 그녀는 좋은 책 읽기를 매우 좋아했고, 사라와 에이브도 책을 좋아하기를 바랐다.

하지만 어떻게 한단 말인가? 학교는 16킬로미터 떨어진 곳에 있었다.

"그렇다면." 어느 날 어머니가 말했다. "내가 집에서 학교를 해야지. 내가 선생님이 되는 거야."

두 아이는 켄터키에서 학교를 조금만 다녔기 때문에 배운 걸 모두 잊어버렸다. 그래서 링컨 부인은 알파벳부터 다시 가르쳤다. 그리고 맞춤법과 읽기와 산수를 조금 가르쳤다.

집에는 성경책이 있었다. 그녀는 성경이야기를 들려주고, 성경책을 소리 내어 읽어주었다.

그녀는 사람은 반드시 정직해야 한다는 걸 가르쳤다. 또한 예의를 지켜야 한다고 가르쳤다.

에이브는 오두막에 들어오면 라쿤모자를 벗어야 한다고 배웠다. 그리고 나이든 사람들이 다 앉을 때까지 서 있어야 한다고 배웠다.

두 아이가 모두 "감사합니다." "안녕하세요." 라고 인사하는 예절을 배웠다.

사실 사라와 에이브는 아주 예의 바른 아이들이었기 때문에, 이사 오는 정착민들마다 자기 자녀들을 링컨 집에 보내는 것을 좋아했다.

학교는 계속 되었다. 링컨 부인은 아이들과 가능한 한

많은 시간을 보냈다. 그러나 아이들이 필요로 하는 만큼 시간을 나눠주기에는 너무 바빴다.

링컨 부인은 몇 가지를 발견했다. 두 아이가 다 영리하고 빨리 배웠지만, 특별히 에이브는 공부를 아주 좋아했다. 그래서 그녀는 한 가지 결심을 했다. 에이브는 학교에 가야 한다.

링컨 씨는 그 생각에 찬성하지 않았다. 그는 학교에 가본 적이 없었고, 글을 읽을 줄도 쓸 줄도 몰랐다.

"당신은 에이브한테 읽고 쓰는 걸 가르쳤어요. 평생 농장에서 일해야 할 남자에게 그거면 충분해요."

"아니에요, 토마스. 충분하지 않아요. 에이브는 다른 소년들과 달라요. 생각이 깊고, 많은 것들에 대해서 영리한 질문을 해요."

"그는 질문이 너무 많아요. 그럴 때는 일을 하라고 해야 해요."

"당신도 대답을 해 줄 수 없고, 나도 해 줄 수가 없어요." 링컨 부인이 말했다. "그래서 제대로 된 학교에 보내야 해요. 에이브가 궁금해하는 것들을 가르쳐줄 수 있는 사람한테 말이죠."

"하지만 낸시, 이 근처에는 학교가 없잖아요? 그러니까 이 문제는 접어둡시다."

"안 돼요, 토마스. 방법이 있어요. 우리가 학교 근처로 이사를 가는 거예요."

"그리고 이 모든 걸 다시 시작하란 말이에요? 새 오두막을 짓고, 숲의 나무를 모두 제거하고?"

"네." 그 젊은 어머니가 단호하게 말했다. "모두 다시 시작해야 해요."

바로 그때 에이브가 오두막으로 들어왔다.

"에이브." 어머니가 말했다. "우리는 널 학교에 보내는 얘기를 하고 있었어."

"넌 학교에 가고 싶지 않지?" 아버지가 물었다. "넌 차라리 농장에서 일하는 게 더 좋지, 안 그러니?"

"아니요." 에이브가 말했다. "학교에 가서 책 읽는 게 더 좋아요."

"에이브, 오는 겨울에는 꼭 학교에 가게 될 거야. 엄마가 살아 있는 한."

그러나 낸시 링컨은 그 해 가을에 세상을 떠났다.

15.
외로운 아이들

어느 날 밤 어린 소녀와 두 소년이 링컨 씨네 오두막에 앉아 벽난로 불을 들여다보고 있었다. 그들은 오두막에 홀로 있었다. 그리고 커다란 숲은 마치 그들을 가둬놓고 단단히 붙들어 매고 있는 새까만 벽처럼 주위를 둘러싸고 있었다.

에이브는 이제 열 살 반이 되었고, 사라는 열두 살이었다. 그들과 함께 앉아 있는 소년은 몇 살 더 많았다.

오랫동안 그들은 아무 말도 하지 않았다. 그들은 의자

에 앉아 불을 들여다보고 있었다.

마침내 사라가 말했다. "여긴 너무 외로워."

"맞아." 에이브가 말했다.

"어머니가 보고 싶어 그러는 거지?" 나이 든 소년이 다정하게 말했다.

"그래, 드니스." 사라가 말했다.

"나도 그래." 에이브가 말했다.

"나도 숙모가 그리워." 드니스가 말했다. "우리 어머니가 돌아가셨을 때, 숙모가 나를 여기 와서 살게 해 주셨어. 나한테 항상 친절하게 대해 주셨지."

"엄마는 모든 사람들한테 친절하셨어." 사라가 말했다.

"어느 누구도 그렇게 친절한 사람은 없을 거야." 에이브가 말했다.

"드니스, 네가 이곳에 와서 참 좋아." 사라가 말했다. "우리 집은 어머니가 계실 때처럼 깨끗하진 않지만." 그녀는 어질러진 방을 둘러보았다.

"넌 해야 할 일이 너무 많아, 사라." 드니스가 말했다. "내가 널 더 도와줄 수 있다면 좋을 텐데."

"필요한 물과 장작은 모두 날라다 줄게." 에이브가 말했다.

"너희 둘 다 최대한 많이 도와주고 있잖아." 사라가 얼른 말했다. "아빠가 멀리 가셨으니 너희가 해야 할 일이 너무 많아."

"삼촌이 돌아오시기 전까지 울타리 가로대를 모두 완성하려고 해."

"아빠를 놀라게 해 드려야지." 에이브가 말했다.

"아빠는 금방 돌아오신다고 했는데, 벌써 한 달이 지났어." 사라가 말했다.

"그건 오래가 아니야." 에이브가 말했다. "아빠는 걸어가셔야 하고, 놉 크릭 시내까지는 160킬로미터나 되잖아."

"또 160킬로미터를 돌아오셔야 하고." 드니스가 웃으며 덧붙였다.

그러나 사라는 미소도 짓지 않았다. "어쨌든 아빠가 우리끼리만 남겨놓고 가버리셨다는 게 정말 이상해."

"그래. 이상해." 드니스가 말했다.

에이브는 아무 말도 안 했지만, 그도 이상하다고 생각했다.

그들은 말을 멈추고 불만 들여다보았다. 불이 약하게 타고 있었다.

"잘 시간이야." 사라가 말했다.

"잘 자." 드니스가 말하고 벽에 박아놓은 나무못을 딛고 다락으로 올라갔다.

"잘 자." 에이브가 말하며 드니스를 따라 올라갔다.

사라는 지저분한 방의 침대 속으로 들어갔다. 오두막

은 고요했다.

 이제 숲이 소리를 내며 신비의 언어를 말하기 시작했다. 부엉이가 '우우!' 거리자, 사라는 머리를 이불 속에 묻었다.

 살쾡이가 비명을 지르자, 나뭇잎 침대에 누운 에이브는 드니스 옆에 꼭 붙었다.

16.
누가 수레를 타고 왔을까

 하루가 더 지나고, 또 하루가 지나고, 또 하루가 지났다. 링컨 씨는 아직도 돌아오지 않았다. 여전히 세 아이만 홀로 남아 있었다.

그러나 모두 자기가 맡은 일을 열심히 했다. 소년들은 숲 속에서 나무를 잘랐고, 사라는 오두막에서 집안 일을 했다.

그녀는 에이브와 드니스를 위해서 맛있는 음식을 만들어주려고 애썼지만, 아무 것도 제대로 요리할 줄 몰랐다. 옥수수죽은 너무 멀겋게 되었다. 옥수수빵은 너무 딱딱하게 되었다. 고기는 덜 익거나 타거나 했다.

　무거운 홑이불을 세탁하려고 했지만, 혼자서 들 수가 없었다. 바느질을 하고 옷을 꿰맸지만, 어쩐지 옷이 이상해 보였다. 그녀는 날이면 날마다 낙담이 되었다.

　그러다 갑자기 모든 게 바뀌었다. 어느 날 아침 숲 속에서 커다란 수레가 나오더니 링컨 씨네 오두막으로 왔다. 그 수레는 네 마리 말이 끌고 있었다!

　오두막에서 사라가 뛰어나왔다. 숲 속에서 드니스와 에이브도 뛰어나왔다. 수레에서 토마스 링컨이 뛰어내렸다!

　"얘들아." 그가 말했다. "켄터키에서 선물을 가져왔다. 새어머니를 모셔왔지."

　키가 크고 예쁜 여자가 수레에서 내려서 그들에게 달려왔다. 금발의 곱슬머리에 아주 사랑스런 미소를 짓고 있었다.

　"얘들아!" 그녀가 불렀다. 그리고 그들을 껴안고 입을 맞추었다. 그들은 이제 자기 아이들이라고 말했고, 그들을 돌봐주러 왔다고 말했다.

105

"너희는 이제 내 아이들과 똑같아." 그녀가 말했다. "너희들 모두 나이도 비슷하고, 함께 살면 좋을 거야."

그리고 이 쾌활한 아주머니는 뒤로 돌아서 수레로 가더니 아이들을 불렀다. "존! 마틸다! 사라!"

곧 존스톤 아이들 세 명이 수레에서 뛰어내리더니, 에이브와 사라와 드니스에게 미소를 지었다.

에이브와 사라와 드니스는 존과 마틸다와 사라 존스톤에게 미소를 보냈다.

"얘들아." 링컨 부인이 말했다. "수레에서 짐을 모두 내려서 오두막으로 가져 가."

여섯 명의 행복한 아이들은 큰 수레에서 짐을 내렸다. 커다란 깃털 침대, 베개, 이불, 모직 담요, 홑이불, 수건과 옷들이었다. 링컨 씨네 아이들과 드니스는 그렇게 많은 물건을 보고 어안이 벙벙했다.

"서랍장은 아주 조심해서 옮겨야 한다!" 링컨 부인이 말했다.

"어머나!" 사라 링컨이 말했다. "서랍장 좀 봐! 평생 처음 봤어!"

존, 드니스, 에이브는 그것들을 오두막으로 날랐다.

사라는 그들이 마치 달걀을 나르는 것 같았다. 아주 조심스럽게 날랐기 때문이다.

"정말 근사해!" 에이브가 말했다.

"오두막이 멋있어지겠어." 드니스가 말했다.

"의자도 있어." 마틸다가 말했다. "등받이가 있는 의자야."

"등받이라구?" 사라와 에이브와 드니스가 말했다. 등받이가 있는 의자는 처음이었다.

그들은 얼른 수레로 뛰어갔다. 곧 오두막에는 의자 여섯 개가 놓여 있었다. 등받이가 있는 의자 여섯 개.

"아, 정말 예뻐!" 사라 링컨이 감탄했다. "이제 우리집은 피존 크릭에서 제일 예쁜 집이 됐어. 안 그래?"

"그럼." 에이브가 맞장구쳤다.

"그럼." 드니스도 맞장구쳤다.

새 가족

새어머니는 일을 아주 잘 했다. 이곳 저곳 모든 구석을 치우고 단장했다. 그녀는 마치 부대의 장군 같았다. 부대원들은 절대로 게으름을 피울 수 없었다.

깨끗한 홑이불을 침대에 깔았다. 접시, 나이프, 포크, 숟가락도 모두 빡빡 닦았다. 식탁, 긴 의자, 의자들도 모두 빡빡 닦았다. 곧 모든 것이 너무 깨끗해져서 더 이상 깨끗할 수가 없었다.

그다음 링컨 부인은 사라와 에이브를 씻기기 시작했다. 곧 그들도 너무 깨끗해져서 더 이상 깨끗할 수가 없었다.

그리고 그녀는 사라에게 예쁜 새 치마를 주었다. 그녀는 에이브에게 새 셔츠와 바지를 주었다. 그녀는 그들에게 새 신발을 주었다. 모카신이 아닌 진짜 구두였다. 그녀가 두 명의 울적한 아이들을 너무도 행복하게 해 주었기에, 그들은 마치 딴 사람이 된 듯 어리둥절했다.

그날 밤 에이브와 드니스는 다락에 있는 깃털 침대에서 잤다. 머리에는 베개를 베고 깨끗한 이불을 덮고 잤다. 아, 얼마나 행복하고 편안한가! 에이브는 새어머니를 무척 사랑했다.

그 뿐 아니었다. 사라 존스톤 링컨 부인은 토마스 링컨 씨에게 마룻바닥을 깔고, 문과 창문을 달아달라고 말했다. 그녀가 얼마나 또랑또랑하게 말했던지, 링컨 씨는 그 말을 잘못 알아들을 수가 없었다. 그래서 즉시 밖으로 나가 일을 시작했다.

  그는 대단히 뛰어난 목수였다. 게다가 이제 세 명의 소년이 그를 도와주었다. 그래서 곧 아름답고 깨끗한 마룻바닥과 문과 창문이 완성되었다.

  그 오두막은 이제 두 번 다시 외로운 곳이 아니었다. 아이들 여섯 명이 모두 일을 거들었다. 아이들 여섯 명이 웃으며 얘기를 나누었다. 아이들 여섯 명이 옥수수를 튀기고, 사과를 굽고, 호두를 깠다.

  그러나 사라와 에이브가 가장 좋아했던 것은 마음씨 고운 새어머니였다.

17.
팔다리가 쑥쑥 자라다

에이브는 하룻밤 자고 일어날 때마다 팔다리가 더 길어지는 것 같았다. 그가 입고 있는 셔츠는 항상 소매가 짧았다. 바지는 항상 종아리 중간까지 올라왔다. 어머니는 쉬지 않고 실을 잣고 옷감을 짜고 옷을 만들었다. 그러나 에이브가 너무 빨리 자라는 바람에, 새 옷을 만들어 줬다 싶으면 어느새 그 옷이 작아져 있었다.

다른 소년들보다 머리 하나만큼 키가 더 큰 에이브는 오두막집에 들어갈 때마다 고개를 숙이고 들어가야 했다. 어머니는 천장을 새하얗게 회칠을 했다. 벽난로에서 나오는 그을음으로 시커멓게 됐기 때문이다.

"마룻바닥에 네 발자국은 얼마든지 청소하면 되지만, 머리에 묻은 흙먼지로 천장을 더럽히면 안 된다."

키가 너무 커서 머리가 천장에 닿는 에이브를 보고 어머니가 농담을 했다. 그러자 에이브는 장난기 어린 웃음을 지었다.

다음 날 어머니가 안 계시는 틈에 에이브는 어린 존을 데리고 말 여물통 주변의 진흙탕으로 갔다. 존의 발을 진흙탕에 담근 뒤 그를 번쩍 들어 안고 다시 오두막집으로 들어갔다. 그런 뒤 존을 들어 안고서 진흙발로 벽을 타고 올라가 천장을 거꾸로 걷게 했다.

잠시 후 어머니가 집에 들어오다가 벽과 천장에 나있는 진흙 발자국을 보았다.

"아니, 오늘 깨끗하게 회칠해 놓은 천장을 감히 누가 저렇게 더럽혔지?"

어머니는 화가 난 것 같았다. 하지만 어머니도 웃음을 감출 수가 없었다. 그리고 에이브는 곧 벽과 천장을 깨끗이 청소했다.

18.
에이브를 도와주는 새어머니

 "토마스." 에이브의 새어머니가 말했다. "에이브는 학교에 가야 해요."

"사라, 하지만 에이브는 알파벳을 알고, 책을 읽을 줄 알고, 맞춤법도 조금 알잖아요."

"아주 조금요." 링컨 부인이 말했다. "그는 인디애나로 이사온 뒤로 학교에 간 적이 없어요. 그게 벌써 3년 전이에요."

"하지만 이 근방에는 학교가 없어요."

"이제 여기 피존 크릭에 학교가 생겼어요. 에이브는 꼭 학교에 가야 해요. 그는 열한 살이에요."

"아, 에이브는 아무 문제 없어요. 어른만큼 일을 잘 하니까요." 토마스 링컨이 말했다.

"일이 전부가 아니에요, 토마스."

"에이브한테는 그거면 충분해요. 평생 농부가 될 텐데, 뭘 그래요. 그러니 다른 걸 할 새가 없어요."

"그런 말 마세요, 토마스 링컨! 에이브는 영리해요. 그는 책을 좋아하고, 뭐든지 다 기억해요. 한 번 들은 얘기는 전부 기억했다가 다시 얘기를 해요."

"나도 알아요." 토마스가 말했다. "그는 심지어 교회에서 들은 설교를 그대로 다시 말한다니까요." 그리고 토마스는 웃고 또 웃었다.

"뭣 땜에 그렇게 웃으세요?" 사라가 물었다.

"글쎄 말예요," 토마스가 말했다. "어제 그 아이가 옥수수밭의 그루터기에 올라서서 설교를 했어요."

"설교라고요? 에이브가 설교했단 말은 아니겠죠?"

"아니, 바로 그거예요." 토마스가 말했다. "그는 주위에 아무도 없는 줄 알았지만, 내가 나무 뒤에 있었거든요. 그래서 다 들었어요." 그리고 토마스는 또 웃었다.

"어머나, 그래서요?" 사라가 말했다.

"글쎄." 토마스가 말했다. "에이브는 꼭 목사님처럼 행동했어요. 목사님처럼 팔을 흔들고, 목사님처럼 헛기침을 했다니까요. 진짜 목사님 같았어요."

"그런데 도대체 누구한테 설교를 했다는 거죠? 아무도 듣는 사람이 없었을 텐데요." 링컨 부인이 물었다.

"그는 옥수수한테 설교했어요. 지난주 일요일 설교를 그대로 다 했어요."

"그걸 다 기억하고 있었어요?"

"나보다도 더 잘 기억하던 걸요."

"에이브처럼 영리한 소년은 못 봤어요." 사라가 말했다.

"그는 너무 영리해요." 토마스가 말했다. "하지만 설교를 못하게 해야겠어요. 그 시간에 일을 해야 해요."

"토마스, 이번 겨울에 에이브를 학교에 보내요. 그는 배우고 싶어해요. 공부를 열심히 할 거예요."

"이번 겨울에는 그를 학교에 보낼 수가 없어요. 아직도 숲의 나무를 더 잘라야만 밭을 만들 수가 있어요. 이제 식구가 이렇게 많으니 그만큼 빵도 많이 필요하지요."

"하긴 그래요, 토마스. 하지만 봄에 나무를 자르면 되지 않겠어요? 그리고 당신이 필요할 때는 에이브가 학교를 쉬게 하고요. 겨울에 눈이 잔뜩 오면 어차피 일을 못하잖아요."

"그건 사실이에요." 링컨 씨가 말했다. "하지만 사라, 돈이 없어요. 선생님께 지불할 돈이 없다고요."

"내 돈으로 지불할게요." 링컨 부인이 말했다. "닭을 키워서 버는 돈으로 말예요."

"당신 결심이 대단하군요."

"난 결심했어요, 토마스. 어떻게든 에이브를 학교에 보내겠어요."

19.
피존 크릭 학교

이제 피존 크릭 지역에는 몇 집이 더 이사를 왔다. 새로 이사온 집들마다 아이들이 여럿 있었기 때문에, 부모들은 서로 돈을 모아서 선생님을 고용하기로 결정을 내렸다. 모든 가족들이 힘을 합하면 선생님 한 사람 월급 정도는 지불할 수 있을 것이다.

그래서 그 정착민들은 학교를 지었다. 통나무로 지은 그 오두막에는 교실이 한 개 있었다.

그 방의 한쪽 구석에는 큰 난로가 있었고, 겨울 내내 불꽃이 활활 탔다. 하지만 교실에서 난로가 있는 구석은 너무 뜨거웠던 반면, 그 반대쪽 구석은 너무 추웠다.

에이브는 상관하지 않았다. 그는 추운 집에서 사는 데에 익숙해 있었고, 다른 아이들도 마찬가지였다.

학교 교실은 그리 밝지도 않았다. 작은 창문이 한 개 있었는데, 왁스 종이를 씌웠다.

에이브는 그것도 상관하지 않았다. 다른 아이들도 마찬가지였다. 그들의 집에 있는 창문도 그랬고, 창문이 아예 없는 집도 있었다.

학생들은 등받이가 없는 긴 의자에 앉았다. 그 긴 의자에 몇 시간이고 앉아 있다보면 등이 피곤해졌다.

그러나 에이브는 상관하지 않았다. 다른 학생들도 모두 마찬가지였다. 그들은 집에서도 등받이가 없는 의자나 긴 의자에 앉았다. 물론 링컨 네 집에는 이제 등받이가 있는 의자가 있지만, 모든 가족이 앉기에는 부족했다. 그래서 에이브는 항상 등받이가 없는 의자에 앉았다.

처음에는 에이브가 어린 아이들과 함께 공부를 했다. 그 중 몇 명은 고작 여섯 살이었는데 반해, 에이브는 열한 살이었다!

그러나 그는 상관하지 않았다. 그는 배우려고 결심을 했다. 그는 매우 열심히 공부했고, 아주 빨리 배웠기 때문에, 곧 다른 아이들 그룹으로 옮겨졌다.

밤이면 밤마다 형제들과 사촌 형이 노는 동안 그는 공부를 했다.

링컨 씨는 에이브가 집에서 공부하는 것을 좋아하지 않았지만, 뭐라고 야단칠 수도 없었다. 링컨 부인이 가만히 있지 않았기 때문이다. 그녀는 다른 아이들이 에이브를 방해하도록 내버려두지도 않았다.

"에이브는 공부하는 중이야." 그녀가 이렇게 말하면 아무도 그를 건드리지 못했다.

링컨 부부는 가난해서 밤마다 촛불을 켤 수가 없었다. 그래서 에이브는 벽난로 옆에서 공부를 했다. 그는 연필이 없었기 때문에 반쯤 타다 남은 숯을 대신 사용했다. 종이가 없었기 때문에 나무로 만든 삽을 종이 대신 사용했다. 그는 어떻게든 배우기로 결심을 했다.

링컨 부인은 에이브가 자랑스러웠다. 그녀는 이웃들한테 에이브가 얼마나 열심히 공부를 하는지 얘기했다. 이웃들은 또 그들의 이웃들한테 말했다.

곧 피존 크릭 정착민들 모두 그 사실을 알게 되었다. 그리고 모두 그 소년을 도와주고 싶어했다.

그러나 도와줄 수 있는 게 별로 없었다. 왜냐하면 그들 모두 가난했던 데다가, 글을 읽고 쓸 줄 아는 사람이 거의 없었던 것이다. 그러나 만일 그들에게 책이 생기면 그걸 에이브에게 빌려줬다.

에이브는 그 책들을 읽을 수 있어 몹시 기뻤다. 책을 빌리기 위해서라면 수 킬로미터도 마다하지 않고 걸어갈 것이고, 그걸 돌려주기 위해서 또다시 수 킬로미터를 마다하지 않고 걸어갈 것이다.

그는 읽은 책의 내용을 거의 다 외울 정도로 모든 책을 읽고 또 읽었다. 그리고 마음씨 착한 새어머니에게 그 내용을 모두 말해주었다. 그녀는 그 내용을 하나도 빼지 않고 귀 기울여 들었다.

그렇게 에이브는 계속해서 공부하고, 책을 읽고, 배웠다. 그리고 천사처럼 아름다운 새어머니 사라 존스톤 링컨이 자나깨나 그를 등 뒤에서 받쳐주었다.

"에이브는 공부하는 중이야." 그녀가 이렇게 말하면 아무도 그를 건드리지 못했다.

20.
밭고랑 한 개 끝날 때마다

 봄이 오자 에이브는 학교를 그만둬야 했다. 아버지는 숲의 나무를 잘라 새 밭을 만들어야 했기 때문에 에이브가 필요했다.

이제 링컨 씨네는 대가족이 되었다. 그렇게 식구가 많다는 것은 그만큼 빵을 많이 먹는다는 뜻이었다. 그만큼 빵을 많이 먹으려면 그만큼 밀을 많이 수확해야 했고, 그만큼 밀을 많이 수확하려면 그만큼 밭이 더 필요했다.

새 밭을 마련하려면 거대한 숲의 나무를 많이 잘라내

야 했다. 나무 한 그루를 자르려면 상당히 무거운 통나무를 자르고, 상당히 무거운 그루터기를 뽑아내든지 태워야 한다.

그렇게 힘든 노동을 하려면 링컨 씨, 존, 드니스, 에이브, 모두가 바쁠 수밖에 없었다. 그들은 해가 뜨자마자 일어나서 노동을 했다. 해가 지면 집으로 돌아갔다. 그리고 저녁을 먹고 잠자리에 들었다. 에이브만 빼고 모두 다.

에이브는 비록 지치고 고단했지만 밤마다 공부를 했다. 때로는 자정까지, 때로는 자정을 넘어서까지 공부를 했다.

그는 심지어 밭에 책을 가지고 나가서 쟁기로 땅을 가는 동안 그것을 읽었다.

땅은 몹시 거칠었기 때문에 말들에게 몹시 고된 노동이었다. 무거운 쟁기를 끌어야 하는 말들은 지치고, 그렇기 때문에 한 고랑을 갈 때마다 쉬어야 했다. 말들이 한 고랑을 갈고 쉴 때마다, 에이브는 책을 읽었다. 그는 단 일 분도 낭비하지 않았다.

때때로 그는 산수문제를 풀기도 했다. 그는 항상 반쯤

타고 남은 숯을 주머니에 가지고 다녔다. 그리고 울타리나 통나무 단면에 그걸로 글씨를 썼다.

링컨 씨는 그것을 좋아하지 않았다. 하지만 무슨 말을 하겠는가? 말들은 한 고랑을 갈 때마다 쉬어야 한다. 그러니 에이브가 뭘 잘못했단 말인가?

때때로 에이브는 연설을 했고, 존과 드니스는 그걸 들을 때마다 즐거워했다. 다른 소년들도 그걸 듣고 즐거워했다. 근처의 농장에서 일하는 소년들은 일하던 쟁기를 내려놓고 달려와서 에이브의 연설을 들었다. 그는 항상 웃기는 얘기를 했고, 소년들은 웃고 또 웃었다.

링컨 씨는 그것도 좋아하지 않았다. "가만히 내버려 둘 수 없어." 그가 말했다. "너는 다른 소년들이 일을 못하게 방해를 하고 있어."

"애들은 제 연설을 듣고 나면 오히려 더 열심히 일을 해요." 에이브가 말했다. "실컷 웃고 나면 피곤을 잊어버리거든요."

"하지만 연설은 집어 치워라." 링컨 씨가 말했다. "그건 시간 낭비야. 네가 법률가가 될 순 없으니까."

"언젠가는 될 수 있을지도 몰라요." 에이브가 말했다. "전 법률가가 되고 싶어요."

"말도 안 되는 소리야. 네가 어떻게 법을 공부할 수가 있단 말이냐?"

"어떻게든 해 보겠어요." 에이브가 말했다.

"그건 불가능해." 링컨 씨가 말했다. "난 너무 가난해서 너를 도와줄 수가 없어. 네가 할 수 있는 일이라고는 밭일밖에 없어."

"하지만 저는 책을 가지고 일하는 사람이 되고 싶어요." 에이브가 말했다.

"책이라고!" 아버지가 말했다. "걸핏하면 책이구나! 그렇게 공부를 열심히 해서 어디에 쓴다는 거냐? 도대체 넌 뭐가 되려고 그래?"

"저는 대통령이 될 거예요." 에이브가 말했다. 그리고 웃었다. 존도 웃고, 드니스도 웃고, 링컨 씨도 웃었다. 웃기는 농담이었다.

에이브 링컨 대통령이라니!

하하하!

21.
빌려온 책

 피존 크릭에 새로운 정착민들이 이사를 와서 정착을 했다. 그들은 커다란 수레를 타고 와서 숲 속에 통나무로 오두막을 지었다. 그들은 옥수수와 밀을 키우기 위해 숲의 나무를 잘라서 밭을 만들었다. 그리고 오두막집 가까운 곳에는 채소밭을 만들었다.

먼저 온 정착민들은 새로 온 정착민들에게 가서 교회와 학교에 대해서 말해주었다. 그리고 열이면 아홉 명이 에이브 링컨에 대해서 자랑을 했다.

"에이브는 책을 읽어요." 그들이 말했다. "벽난로 불빛에서 책을 읽지요. 자정까지, 어떨 때는 자정이 넘도록 말예요."

"자정까지라고요?" 새로 온 정착민들이 말했다. "자정이 넘도록? 그런 말은 난생 처음 들어보는군요!"

"우리는 그에게 책을 빌려줘요." 먼저 온 정착민들이 말했다. "그는 수 킬로미터도 마다하지 않고 책을 빌리러 와요."

"그리고 책을 돌려주던가요?" 새로 온 정착민들이 물었다.

"네." 먼저 온 정착민들이 말했다. "그는 항상 그걸 돌려줘요. 빌려갔을 때나 다름 없이 깨끗하게 보고 돌려주지요."

그러면 새로 온 정착민들은 자기들 물건을 하나하나 살펴보았다. 만일 그들에게 책이 있으면 그것을 에이브에게 빌려주었고, 에이브는 어김없이 그것을 돌려주었다. 그 책은 빌려갔을 때나 조금도 다름없이 깨끗한 상태로 돌아왔다.

한번은 에이브가 조지 워싱턴의 일생이라는 책을 빌렸다.

그는 그 책을 너무 좋아해서, 바로 그때 그 자리에서 자기도 워싱턴처럼 돼야겠다고 결심했다. 항상 정직하고 항상 나라에 충성스러운 조지 워싱턴처럼.

그는 그 책을 읽고 또 읽었다. 자정이 되었다. 자정이 넘었다. 잠을 자러 가야 했다. 하지만 그는 그 책을 가지고 다락으로 올라갔다.

"아침에 일어나면 다른 식구들이 일어날 때까지 이 책을 읽어야지." 그가 이렇게 말했다.

그래서 그 책을 통나무 벽 틈새에 끼워놓았다. 그리고 잠이 들었다.

그날 밤에는 눈이 왔는데, 통나무 사이의 널찍한 틈새를 통해서 다락으로 눈이 들어왔다. 에이브는 아침 일찍 일어났다. "아니, 이게 뭐야?" 그의 침대에 눈이 있었다! 마루바닥에도 눈이 있었다! 그 중에서도 제일 심각했던 것은, 조지 워싱턴의 일생이 눈더미에 깔려버린 것이다!

에이브는 마음이 몹시 괴로웠다. 페이지는 젖지 않았으나 책의 표지가 얼룩져버렸다. 그러나 그에게는 돈이 없었다.

그렇다면 에이브가 어떻게 했을까? 책을 잃어버린 척

했을까? 도둑맞은 척 했을까?

절대로 그렇지 않다! 에이브는 그 책을 가지고 곧장 책 주인에게 가서 망가져버린 표지에 대해서 자초지종을 얘기했다. 그리고 그 책값을 갚을 때까지 농장에서 일을 하겠다고 말했다.

"좋아." 그가 말했다. "사흘 동안 내 밭에 와서 옥수수 껍질을 벗겨줘."

에이브는 사흘 동안 동이 틀 때부터 해가 질 때까지 일했다. 그러자 깜짝 놀랄 일이 벌어졌다. 책 주인이 그 책을 그에게 준 것이다!

에이브는 몹시 기뻤다. 그는 그 책을 집에 가져와서 읽고 또 읽었다. 그 책을 읽을 때마다 미국의 대통령을 두 번 지냈던 조지 워싱턴 장군처럼 되어야겠다는 결심이 점점 더 굳어졌다.

22.
놀이와 시합

그렇다고 에이브가 일하지 않을 때면 항상 공부만 했을까? 물론 아니다! 절대 아니다!

에이브는 재미있게 노는 거라면 피존 크릭의 다른 소년들과 조금도 다름이 없었다. 그들과 공놀이 게임을 하고, 경주하고, 높이 뛰고, 통나무 나르기와 씨름을 했다.

그 소년들은 모두 농장에서 일하는 소년들이었다. 그들은 밭과 숲에서 일을 하기 때문에 대단히 힘이 셌다. 그러나 에이브 링컨이 그 중에서도 제일 힘이 셌다.

그는 그 누구보다 더 빨리 달릴 수 있었다. "그건 왜냐하면 내 다리가 이렇게 길어서 그래." 그가 말했다.

그는 그 누구보다 더 높이 점프할 수 있었다. "그건 왜냐하면 내 목이 이렇게 길어서 그래." 그가 말했다.

그는 그 누구보다 더 무거운 통나무를 나를 수 있었다. "그건 왜냐하면 내 팔이 이렇게 길어서 그래." 그가 말했다.

그는 씨름을 하면 다른 소년들 모두를 내동댕이 칠 수 있었다. "그건 왜냐하면 내 손이 이렇게 커서 그래." 그가 말했다. 에이브는 항상 이런 식으로 이유를 둘러댔다. 그는 절대로 우쭐대거나 뽐내는 법이 없었다. 그래서 소년들은 그를 좋아했다. 그뿐 아니라 에이브가 속이는 법이 없고 항상 정정당당하게 하기 때문에 그를 좋아했다.

그들은 항상 에이브를 믿을 수 있다는 것을 깨달았고, 그래서 항상 그를 지도자로 삼았다.

그런데 그 소년들은 학교에 가면 공부를 그다지 열심히 하지 않았다. 그리고 일하다 쉬는 시간이 나도 책을 읽지 않았다. 아니 아무 때도 책을 읽지 않았다.

"뭣 땜에 책을 읽겠어?" 그들이 말했다. "우린 평생 농장에서 일할 건데."

그들은 농장에서 일하다가도 틈틈이 책을 읽으면 일하기가 더 쉽다는 점을 깨닫지 못했다. 그러니까 왜 에이브가 그렇게 열심히 공부를 하며 왜 그렇게 책 읽기를 좋아하는지를 이해할 수가 없었다.

하지만 그들은 에이브가 시합과 씨름에서 얼마나 힘이 센지를 잘 알았다. 그것에 대해 늘 얘기를 주고 받았다.

그래서 소년들의 아버지들은 에이브가 자기 농장에 와서 일해달라고 했다. 에이브가 일을 해주자 그들이 보수를 주었다. 에이브가 힘이 센 데다가, 어릴 때부터 아버지가 열심히 일하는 법을 가르쳐준 덕분이었다.

그는 집에 돌아와서 받은 돈을 아버지에게 드렸다. 그는 가족의 생계를 도와줄 수 있어 기뻤다.

23.
목사님 방문

어느 날 오후 늦은 시간이었지만 에이브는 여전히 숲에서 일하고 있었다. 그는 나무를 자르고 있었다. 하루 종일 쉬지 않고 일하고 있었다.

그는 피곤해서 쉬고 싶었다. 그래서 해를 쳐다보았다. 아니, 그는 쉴 수가 없었다. 해는 아직도 나무 위쪽에 있었다. 에이브는 해를 보고 마치 시계를 보듯이 시간을 알아 맞추는데 그 누구보다 더 뛰어났다.

지금 에이브는 숲 속에 혼자 있었다. 그는 일을 멈출 수도 있었다. 아무도 보는 이가 없고 아무도 일러바칠 사람이 없었다. 그러나 에이브는 정직했다. 그는 계속해서 나무를 잘랐다.

"에이브! 에이브!" 누군가가 불렀다.

"나 여기 있어!" 에이브가 소리쳤다.

일 분 후 그의 누나 사라가 숲길을 따라 걸어왔다.

"에이브." 그녀가 말했다. "누가 왔는지 알아?"

"모르겠는데." 에이브가 말했다. "누가 왔는데?"

"목사님이 오셨어!" 사라가 말했다. "우리 집에서 저녁을 드시고 주무실 거야."

"잘됐다." 에이브가 말했다. "목사님이 무슨 말씀을 하시는지 듣고 싶어. 하지만 앞으로 한 시간 정도는 더 일을 해야 돼."

"아빠가 이제 일을 그만하라고 하셨어." 사라가 말했다.

"일을 그만하라고?" 에이브가 말했다. "왜 이렇게 일찍 일을 그만하라고 하셨는지 모르겠는데?"

"나도 왜 그런지 모르겠어." 사라가 말했다. "하지만 아빠가 그렇게 말씀하셨어. 지금 당장 오라고 하셨어.

엄마는 네가 집에 들어오기 전에 씻고 들어오라고 하셨어."

"난 늘 씻고 들어가잖아, 안 그래?"

"어떨 때는 깜빡 잊어버리기도 하지, 에이브."

"아, 그렇구나."

에이브는 도끼를 어깨에 둘러매고 사라와 함께 집으로 갔다.

그는 특별히 더 깨끗하게 몸을 씻었다. 머리도 더 단정하게 빗질했다. 그리고 오두막으로 들어갔다.

"에이브가 오네요." 링컨 부인이 말했지만, 미소를 짓지 않았다.

"목사님께서 너한테 하실 말씀이 있으시단다, 에이브." 링컨 씨가 말했지만, 미소를 짓지 않았다.

"안녕, 에이브." 목사님이 말했지만, 그도 미소를 짓지 않았다.

에이브는 이해할 수가 없었다. 그 목사님은 지금까지 항상 에이브에게 농담을 하고 함께 웃었기 때문이다.

"목사님." 링컨 씨가 말했다. "목사님이 이곳에 오신 이유를 에이브에게 말씀하시죠."

목사님은 에이브를 바라보았다. "에이브." 그가 말했다. "네가 나를 놀린다고 들었다. 네가 설교를 해서 아이들을 웃긴다고 말이야."

"아... 네." 에이브가 말했다.

"너는 내가 헛기침하는 걸 흉내 냈다며?" 목사님이 말했다. "그리고 소년들이 웃었다며?"

"아... 네." 가엾은 에이브가 말했다.

"그리고 네가 나처럼 한쪽 발을 앞으로 내밀고 다른 발을 뒤로 하고 섰다며?"

"네. 그랬어요." 에이브가 말했다.

"어디 그뿐이냐? 내가 코를 푸는 것도 흉내 냈다며? 안 그러니?"

"네. 그랬어요." 에이브가 말했다. "하지만 목사님을 놀린 건 아닙니다. 전 다만 설교를 하려고 했어요."
"그래요." 링컨 부인이 말했다. "에이브는 설교를 하고 싶었던 거예요. 그러다 보니, 저... 목사님을 흉내 낸 거죠. 에이브가 아는 목사님은 목사님밖에 없으니까요."

"사라, 당신은 항상 에이브를 편드는군요." 링컨 씨가 말했다.

"당신도 에이브의 설교를 들으면서 웃었잖아요." 링컨 부인이 말했다.

토마스 링컨은 그 말에 뭐라고 대답을 할지 몰랐다. 그래서 이렇게 말했다. "아, 그렇군. 그 얘기는 그만합시다." 그리고 몸을 돌려서 목사님에게 말했다. "목사님, 에이브가 목사님을 놀린 데 대해서 제가 에이브한테 매를 들겠습니다."

"토마스!" 링컨 부인이 말했다. "에이브를 때리지 마세요! 에이브는 그게 잘못이라고 생각하지 못했어요."

링컨 씨는 대답하지 않았다. 그는 나무못에서 가죽끈을 가져왔다.

"에이브." 그가 말했다. "마당으로 나와라."

에이브는 문을 열고 나갔고, 링컨 씨가 뒤따라 갔다.

갑자기 커다란 손이 링컨 씨의 팔을 붙잡으며, 가죽끈을 빼앗았다.

"그 아이를 건드리지 마세요!" 목사님이 말했다. "제가 농담한 것뿐입니다. 링컨 씨도 아셨을 텐데요. 에이브가 다른 소년들 앞에서 저를 흉내 내어 설교한 게 사실은 저를 도와준 겁니다."

"도와드렸다고요?" 링컨 씨가 말했다. "이해가 안 가는군요."

"그 소년들이 빠짐없이 일요일 집회에 왔거든요." 목사님이 말했다.

"그들은 목사님을 놀리려고 했던 거예요." 링컨 씨가 말했다.

"물론이죠." 목사님이 말했다. "하지만 그들은 계속해서 왔고, 그 중 몇 명은 회원이 됐어요. 그렇게 활기찬 집회는 처음이었습니다. 정말 대단했거든요."

"아, 그렇다면..." 링컨 씨가 말했다. "전혀 예상치 못했습니다."

"전 예상했어요." 링컨 부인이 말했다.

에이브는 아무 말도 하지 않았다. 무슨 말을 해야 할지 몰랐다.

목사님은 팔로 에이브의 어깨를 둘렀다. "얘야." 그가 말했다. "계속해서 설교를 해라. 웃기는 네 농담 덕분에 이 세상에 좋은 일이 많이 일어날 거다."

24.
거북이를 구해주다

어느 날 에이브는 물고기를 잡으러 시냇가로 갔다. 그는 이제 손으로 낚시를 하지 않았다. 낚싯대와 낚싯줄이 생겼기 때문이다.

강둑에는 소년 네 명이 서 있었다. 그들은 땅바닥에서 뭔가를 보고 있었는데, 모두들 웃으며 소리를 쳤다.

"저 아이들이 뭘 보고 있는 걸까..." 에이브가 혼잣말을 했다.

그는 그쪽으로 가서 소년들 머리 위로 기웃거렸다. 땅

바닥에는 커다란 거북이가 있었다. 그런데 거북이 등이 부서져 있었다. 거북이는 기어가려고 애썼지만 그렇게 할 수가 없었다. 몸을 움찔했다가 덜덜덜 떨 뿐이었다.

에이브는 거북이가 고통 받는 것을 보고 화가 났다. 그는 그 소년들 중 한 명이 거북이 등을 부쉈다는 걸 알았다.

그는 소년들을 밀어제쳤다. "뒤로 물러 서!" 그가 말했다. "내가 이 거북이를 가져가겠어!"

"안 돼!" 제일 큰 소년이 말했다. "그건 내 거야. 내가 제일 먼저 발견했다고!"

"네가 그 등을 부쉈지, 맞아?" 에이브가 말했다.

"그래. 내가 그랬어." 그 소년이 말했다. "그 거북이가 어떻게 기어가는지 보려고 그랬어. 얼마나 웃기는지 보려고."

"만일 네 등이 부서지면 네가 어떻게 기어갈지 궁금하구나." 에이브가 말했다. "얼마나 웃길지 궁금해."

그 소년은 에이브가 매우 화가 났다는 것을 알고, 겁이 나기 시작했다. 그는 에이브가 씨름하는 걸 본 적이 있기 때문에 그가 얼마나 힘이 센지 알고 있었다. 그래서 아무 말도 하지 않았다. 웃지도 않았다.

다른 소년들도 웃음을 멈추었다. 그들도 에이브가 무서웠다.

에이브는 부드럽게 거북이를 들고 시냇물에 넣어주었다.

그리고 에이브가 말했다. "얘들아, 하나님께서 저 거북이를 만드셨어. 하나님은 너희들이 그걸 아프게 하길 원하실까?"

소년들은 고개를 떨어뜨렸다.

"하나님이 저 불쌍한 거북이 등이 부서진 걸 보시면 웃으실까?"

소년들은 여전히 땅바닥만 내려다보았다. 그들은 부끄러워서 고개를 들 수가 없었다.

에이브가 계속 말했다. "저 거북이가 몸을 움찔했다가 덜덜덜 떠는 걸 보시고 하나님이 웃으실까?"

모두 잠잠해졌다. 그러다 한 소년이 말했다. "내가 웃은 건 잘못했어, 에이브."

"나도 잘못했어." 다른 소년이 말했다.

"거북이가 아픈 줄 몰랐어." 제일 큰 소년이 말했다.

"그저 동물인걸 뭐."

"동물도 우리와 똑같이 아픈 걸 느껴." 에이브가 말했다. "한번은 내가 다리가 부러진 개를 발견했어. 그 개는 마치 아기처럼 울고 있었어. 몹시 아픈 아기처럼 말이야."

"다시는 동물을 해치지 않을게." 제일 큰 소년이 말했다. "또 그러면 날 때려도 좋아, 에이브."

"그래. 또 그러면 내가 혼내줄 거야." 에이브가 말했다.

그는 말을 하면 반드시 지켰고, 소년들은 그가 한 말을 똑똑히 들었다.

25.
칠면조 사냥

 어느 날 에이브는 도끼로 울타리 가로대를 패고 있었다. 두 소년이 어깨에 총을 메고 나타났다.

"어디 가는 거야?" 에이브가 물었다.

"사냥." 더 큰 소년이 말했다. "숲 속에 칠면조가 상당히 많아."

"너도 총 가지고 우리를 따라오지 그래?" 다른 소년이 말했다.

에이브는 도끼를 내려놓고, 잠시 생각했다. 그는 사냥

을 가고 싶은지 아닌지 알 수가 없었다. 그는 총을 사용할 줄 알았지만, 사냥은 좋아하지 않았다. 그는 살아있는 것을 죽이거나 다치게 하는 걸 싫어했다. 그러나 다른 소년들과 함께 가는 것은 신 나는 일임에 틀림없었다.

마침내 그가 말했다. "나는 칠면조 사냥을 해 본 적이 없지만 너희들과 함께 갈게. 하지만 먼저 이 나무들을 끝내야 돼."

그들은 기다렸다. 곧 울타리 가로대가 모두 완성되어 가지런히 쌓였다.

그리고 에이브는 오두막에 가서 총을 가지고 그 소년들과 함께 갔다. 그들은 조심해서 걸었다. 조금만 소리를 내도 새들과 동물들이 달아나기 때문이었다.

얼마 가지 않아서 에이브가 갑자기 멈추었다. 그는 아무 말없이 두 마리 칠면조가 덤불 아래서 먹이를 먹고 있는 곳을 가리켰다.

"에이브, 네가 먼저 쏴." 한 소년이 속삭였다. "네가 먼저 봤으니까."

에이브는 조심해서 총을 겨눈 뒤 발사했다. 칠면조 한 마리가 뒹굴었고, 나머지는 날아가버렸다.

"맞췄어!" 소년들이 소리를 지르며 칠면조 쪽으로 달려갔다. 에이브는 마치 그의 발이 땅바닥에 얼어붙은 듯 했다. 그는 자기가 쏴서 죽인 새를 보고 싶지 않았다.

"에이브, 이리 와!" 소년들이 불렀다. "얼마나 큰 칠면조를 죽였는지 와서 봐. 적어도 10킬로그램은 나가겠는걸." 에이브는 천천히 칠면조가 있는 쪽으로 다가갔다. 그 큰 새의 날개가 여전히 약하게 퍼덕거렸다.

"다른 한 마리도 쐈더라면 좋았을 텐데." 더 큰 소년이 말했다. "하지만 칠면조는 주로 떼를 지어 있으니까. 그것들이 총소리를 듣고 도망가지 않았다면 이 근처 어딘가에 또 있을 거야."

"에이브, 네 사냥감 집어." 다른 소년이 말했다. "칠면조를 더 찾으려면 더 걸어야 되니까."

에이브는 어머니가 그 칠면조를 보시면 매우 기뻐하실 것을 알았다. 아버지가 종종 사냥감을 잡아 오셔서 음식으로 해 먹었기 때문이다. 하지만 에이브가 뭘 죽이기는 이번이 처음이었다.

그는 억지로 그 칠면조를 집었다. 그것은 그의 어깨 위에서 날개를 몇 번 퍼덕였다. 그리고 잠잠해졌다.

에이브는 다른 소년들 뒤를 따라 걸었다. 그들은 칠면조가 몇 마리 모여있는 떼를 발견했다. 곧 에이브의 친구들도 칠면조를 각각 두 마리씩 쏘았다. 에이브는 또 그것을 쏘고 싶지 않았다.

소년들이 그에게 총을 쏘라고 재촉하자, 그는 고개만 흔들 뿐이었다. "못하겠어." 그가 말했다. "내가 총으로 뭘 죽이기는 이번이 처음이야. 그리고 이번이 마지막이 되었으면 좋겠어."

다른 소년들이 총을 가지고 숲 속으로 들어간 뒤, 에이브는 혼자 남아 있었다. 그는 때로는 동물을 잡아서 음식으로 먹어야만 한다는 걸 알았지만, 자기 자신은 그렇게 할 수가 없었다. 식구들에게 음식이 필요하다면 다른 사람이 그것을 쏴서 잡아야 할 것이다.

26.
맞춤법 대회

"에이브, 오늘 저녁 학교에서 하는 맞춤법 대회에 나갈 거니?"

"물론이지, 드니스. 금방 준비할게."

"그래, 알았어." 드니스가 말했지만, 목소리가 이상했다. 에이브는 드니스의 표정도 이상하다고 생각했다.

"드니스, 그런데 왜 나한테 갈 거냐고 물었어? 난 항상 맞춤법 대회에 갔잖아."

"에이브, 오늘은 가봐야 소용없을 거야. 널 대회에 끼워주지 않을 거야."

"나를 끼워주지 않는다고? 누가 그런대?"

"선생님이. 오늘 아침에 선생님을 우연히 만났는데, 너한테 오늘 오지 말라고 하셨어."

"나는 이번 겨울 내내 단 한 단어도 놓치지 않았는데." 에이브가 말했다. "내가 들어간 팀이 항상 이겼잖아."

"선생님이 바로 그렇게 말씀하셨어, 에이브. 네가 오면 게임이 안 된대. 상대방 팀이 해 보나마나라고."

이제 에이브 마음이 가라앉았다. "나는 맞춤법 책을 완전히 익혔어." 그가 말했다.

"피존 크릭에서 맞춤법이라면 널 따라갈 사람이 없잖아." 드니스가 말했다. "그걸 모르는 사람이 없다고."

에이브는 그 말에 기분이 좋았다. "그렇다면 그냥 가서 앉아서 들어야겠어."

"그건 괜찮을 거야." 드니스가 말했다.

두 소년은 숲 속을 지나서 학교로 갔다. 그곳에는 사람들이 많이 와 있었다. 어머니, 아버지, 삼촌, 숙모, 소녀들, 소년들. 모두 다 서로 얘기하며 웃고 있었다. 사람들은 맞춤법 대회를 좋아했기 때문에, 아주 먼 곳에서도 그걸 보러 왔다. 그들은 어두운 숲 속을 가로질러 왔

다. 깊은 시내를 건너왔다. 비가 오나 눈이 오나 아랑곳 하지 않고 맞춤법 대회를 보러 왔다. 게다가 그들은 대회 시작 전에 일찌감치 와서 서로서로 인사를 나누었다.

에이브와 드니스는 늦게 왔다. 그들이 모자를 걸어 놓을 때 선생님이 벨을 울렸다. 그러자 바로 잠잠해졌다.

선생님은 나지막한 강단에 섰다. "제니 스프링어!" 그가 불렀다.

제니가 일어섰다.

"제니." 그가 말했다. "네가 제일 먼저 팀 멤버를 골라라."

"에이브 링컨!" 제니가 불렀다.

"안 돼." 선생님이 말했다. "에이브는 오늘 대회에 나갈 수 없다. 에이브가 나오면 게임이 안 돼. 보나마나 그의 팀이 이길 테니까. 제니, 다른 사람을 골라."

제니는 착한 소녀였다. 하지만 그녀는 왜 에이브가 대회에 나갈 수 없는지 이해할 수 없었다.

"에이브를 고를래요!" 그녀가 말했다. "다른 사람은 안 돼요!"

"안 돼! 안 돼!" 어떤 사람들은 이렇게 말했다.

"에이브! 에이브!" 다른 사람들은 이렇게 말했다.

선생님은 벨을 울렸다. 또 다시 조용해졌다.

에이브가 일어섰다. "제니." 그가 말했다. "다른 사람을 골라. 나는 선생님 말씀을 따르겠어."

제니는 에이브가 늘 선생님께 순종한다는 걸 알았다. 그래서 다른 사람을 골랐다.

"에이브, 고맙다." 선생님이 작은 소리로 말했다. "오늘 밤 좋은 시간이 되길 바란다."

그날 밤은 에이브에게 좋은 시간이 되었다. 그는 아이들이 못 맞춘 맞춤법을 모두 알고 있었다. 드니스가 무섭다(afraid)의 맞춤법을 맞추려고 했을 때 에이브는 웃지 않을 수 없었다.

"무섭다(A-f-e-a-r-e-d)." 드니스가 말했다.

"아니야." 선생님이 말했다. "무섭다(a-f-r-a-i-d)야."

"제 맞춤법 책에는 그런 단어가 없어요. 그건 무섭다(afeared)예요."

"하하하!" 사람들이 웃었다.

대회가 끝나고 두 소년은 집으로 걸어갔다. 그날 밤에

는 달이 없었고 숲 속은 매우 캄캄했다.

"드니스." 에이브가 말했다. "너 무시워(afeared)?"

"아니. 안 무서워(afraid)." 드니스가 말했다.

둘 다 웃었다. 그리고 캄캄한 숲 속에서 휘파람을 불며 걸어갔다.

27.
조니 애플씨드

오후 늦은 시간이었다. 마틸다 존스톤이 링컨 씨네 오두막에서 나와 옥수수밭으로 가고 있었다. 바로 그때 에이브와 존 존스톤이 숲 속에서 나오자, 마틸다가 그들을 맞이 하러 달려갔다.

"마침 내가 부르러 가던 참이야." 마틸다가 말했다. "여기 있을 줄 알았어. 왜 내가 부르러 나왔는지 말해줄까?"

"왜?" 존과 에이브가 물었다.

"손님이 오셨어." 마틸다가 말했다. "저녁식사를 하실 거야. 누구--게?"

"목사님?" 에이브가 말했다.

"아니." 마틸다가 말했다.

"선생님?" 존이 말했다.

"아니." 마틸다가 말했다.

"모르겠어." 존이 말했다.

"나도 모르겠어." 에이브가 말했다.

"조니 애플씨드야!" 마틸다가 말했다.

"조니 애플씨드라고?" 에이브가 말했다. "정말 만나보고 싶었는데."

"나도." 존이 말했다. "이상한 사람이라고 들었어."

"내가 보기에도 정말 이상해." 마틸다가 말했다. "사과씨(애플씨드)를 가져왔어."

그들은 오두막으로 들어갔다. 평생 그렇게 이상하게 보이는 사람은 처음 보았다.

그는 커피자루에 구멍을 세 개 내서 목과 두 팔을 끼우고 옷 삼아 입었다. 발은 맨발이었다. 머리는 어깨까지 치렁치렁 길었다. 발치에 놓인 자루 두 개에는 사과씨가 가득 들어있었다.

그는 소년들을 보고 미소를 지으며 그 자루를 들 수 있는지 물었다. 존이 들어보았지만 한 개도 못 들었다. 에이브는 두 개를 다 들었다.

그 손님은 놀라워했다. "나 말고는 아무도 못 드는 줄 알았는데."

"정말 무거워요." 에이브가 말했다. "그걸 들고 이렇게 멀리 걸어 오셨단 말예요?"

"800킬로미터를 걸었지" 조니가 말했다.

"생각해봐!" 링컨 부인이 말했다. "저 무거운 자루를 등에 지고 숲길을 800킬로미터나 걸었다니!"

"그리고 그 씨를 나눠줍니까?" 링컨 씨가 말했다.

"네. 나눠주지요." 조니가 말했다. "난 사람들을 도와주고 싶어요. 그렇게 하는 게 제가 돕는 방법이지요. 이 지역에는 사과나무가 조금밖에 없어요."

"전에 가져다주신 씨를 심어서 자란 사과나무들이에요." 링컨 부인이 말했다.

"저는 집집마다 사과 과수원이 있었으면 합니다." 조니가 대답했다. "그러면 더 살기 좋은 곳이 될 거예요.

게다가 사과나무가 있으면 정착민이 더 많이 모여들 겁니다."

"물론이죠." 링컨 씨가 말했다.

"씨가 다 떨어지면 그다음에는 뭘 하세요?" 에이브가 물었다.

"가서 또 가져오지." 조니가 말했다. "산 너머 가면 애플사이더 공장이 있단다.

"펜실베니아까지요?" 존이 물었다.

"거기까지 가려면 또 800킬로미터를 가셔야 하는데요." 에이브가 말했다.

"상관 없어." 그 이상한 사람이 말했다. 난 항상 여기저기 돌아다니니까."

"인디언이 무섭지 않으세요?" 마틸다가 물었다.

"그들은 나를 해친 적이 없어."

"숲 속에는 뱀도 있잖아요." 마틸다가 말했다. "뱀이 무섭지 않으세요?"

그는 자기의 맨발을 내려다보았다. "내 발은 가죽처럼 질겨서 괜찮아." 그가 말했다. "바늘로 찔러도 아무 느낌이 없어. 가시나무를 밟고도 전혀 모르고 지나가거든."

"추위나 더위나 폭풍이 올 때는 어떻게 하십니까?" 링컨 씨가 말했다.

"아무 것도 두렵지 않아요." 조니가 말했다. "이 세상에 무서운 게 하나도 없어요. 나는 주님께서 나를 지켜주실 걸 믿습니다."

이제 저녁식사가 준비되었다. 그리고 모두 기다란 식탁에 앉았다. 손님이 음식을 주신 주님께 감사를 드리자, 모두 먹기 시작했다.

고기접시를 제일 먼저 그에게 돌렸으나, 그가 사양했다. "아이들이 먼저 먹어야 합니다." 그가 말했다.

"음식은 많이 있어요. 아이들이 먹을 것도 충분해요." 링컨 부인이 말했다.

"저는 아이들 접시에 음식이 충분히 있는 걸 보고 나서야만 그다음에 먹습니다."

링컨 씨는 아이들에게 음식을 덜어주었다. 그러자 그 손님이 고기를 덜어서 먹었다.

저녁식사 후 링컨 씨는 사과씨를 사고 싶다고 말했다.

"얼마든지 가져가세요. 하지만 돈은 한 푼도 받지 않습니다." 조니가 말했다.

"하지만 전 공짜는 받지 않습니다."

"당신은 이미 저한테 돈을 내셨습니다." 조니가 말했다. "이렇게 좋은 식사를 대접해주시지 않았습니까?" 그리고 그는 일어나서 떠나려고 했다.

"밤에 주무시고 가셔야죠." 링컨 부인이 말했다.

"감사합니다." 조니가 말했다. "하지만 전 가야 합니다."

"어디서 잠을 자십니까?" 링컨 씨가 물었다.

"땅에서 잡니다." 그 이상한 사람이 말했다. "그리고 땅에서 잠을 잘 수 있게 해 주신 주님께 감사드립니다."

그는 링컨 씨에게 사과씨를 주었다. 링컨 부인에게 좋은 식사를 대접해 주셔서 감사하다고 했다. 그리고 모두에게 작별 인사를 하고, 어두운 숲 속을 향해 갔다. 홀로. 아무 두려움 없이.

"저도 다른 사람들을 위해서 뭔가 하고 싶어요."

"언젠가는 그렇게 될 거야, 에이브." 어머니가 말했다.

28.
이웃끼리 서로 도와주다

 피존 크릭에 새 정착민이 왔다. 아내와 어린 아이 둘을 데리고 왔다. 그들은 링컨 네 오두막 근처에서 야영을 했다.

그는 바로 숲의 나무를 자르기 시작했다. 그리고 나서 오두막을 지을 통나무를 준비했다. 그러나 그것을 들어올릴 수도, 옆으로 옮길 수도 없었다. 남자 혼자서는 아무도 그렇게 할 수가 없었다.

그 사람은 자기를 도와줄 사람을 고용할 돈이 없었다. 그러니 그가 어떻게 오두막을 지을 수 있다는 말인가?

한 가지 방법밖에는 없었다. 그는 먼저 온 정착민들이 도와주기를 바랐다.

그 희망은 헛되지 않았다. 정착민들은 그가 통나무를 다 잘라서 이제 옮길 준비가 되었다는 소문을 들었다.

그 소문은 시냇물을 따라 위로 아래로 퍼져갔다. 방앗간 주인은 방앗간 손님들에게 말했다. 그 손님들은 이웃들에게 말했다. 그들은 또 자기 이웃들에게 말했다. 얼마 가지 않아 모두가 그 소문을 들었다.

그것은 좋은 소문이기도 했다. 그를 도와주는 날이면 정착민들이 하루 종일 서로 얼굴을 보고 대화를 나눌 수 있는 기회였다. 그들 모두 점심을 싸와서 하루 종일 일했기 때문이다.

마침내 그날이 왔다. 커다란 바구니에 음식을 잔뜩 꾸렸다. 모두 다 깨끗한 옷을 입었다. 남자들과 소년들은 그들이 가진 것 중 가장 좋은 라쿤모자와 모카신을 신었다. 여자들과 소녀들은 가장 좋은 드레스와 보넷모자를 썼다.

가까운 곳, 먼 곳에서 사람들이 모여들었다. 어떤 이들은 말을 타고, 어떤 이들은 큰 수레를 타고, 또 어떤 이들은 링컨 가족처럼 걸어서 왔다.

그러자 오두막집이 지어지기 시작했다. 남자들은 열심히 일했고, 소년들은 도울 수 있는 만큼 도왔다. 그들은 통나무를 들 수가 없기 때문에 큰 도움을 주지 못했다. 소년들 중 에이브만 어른들과 함께 통나무를 들 수 있었다.

그는 목사님을 도와 통나무를 들었다. 그리고 학교 선생님과 방앗간 주인을 도와드렸다. 그리고 키가 작은 비거 씨가 숨을 헐떡거리는 모습을 보자 그를 도와드렸다. 키가 큰 리틀 씨가 숨을 헐떡거리는 모습을 보자 그를 도와드렸다. 에이브는 여기 저기 사방을 돌아다니며 도왔다.

정오가 되자 오두막은 에이브의 머리만큼 높이 올라갔다. 여자들은 점심 준비로 바빴다. 바닥에 기다란 빨간색 식탁보를 폈다. 그리고 모두 풀밭에 앉아 먹었다.

구운 사슴고기, 칠면조고기, 오리고기가 있었다. 비둘기파이, 호박죽, 꿀도 있었다. 산딸기와 사과도 있었다. 그 사과는 조니 애플씨드의 씨를 심어서 키운 것이었다. 바가지에는 메이플시럽이 있었고, 옥수수빵이 한

아름 쌓여 있었다.

　모두 다 먹고 또 먹었다. 모두 다 얘기하고 또 얘기했다.

　목사님이 농담을 하자 모두 다 웃음을 터뜨렸다. 선생님도 농담을 하자 모두 다 웃음을 터뜨렸다. 링컨 씨는 인디언 얘기를 했다. 에이브는 자기가 만든 웃기는 얘기를 들려주었다.

　점심식사 후 잠시 쉬고 난 뒤, 다시 노동이 시작되었다. 계속해서 통나무를 들어서 오두막집의 벽을 쌓았다. 또 다시 에이브는 여기, 저기, 사방으로 가서 도왔다.

　해가 지기 전에 오두막이 완성되었다. 새로 온 정착민은 큰 수레에 있던 가구를 오두막 안으로 옮겼다.

　그는 먼저 온 정착민들에게 거듭거듭 고맙다고 했다. 그의 아내도 그들에게 고맙다고 했다. 그들은 또 여자들에게 좋은 점심식사를 대접해준 것을 고마워했다.

　이제 모두들 자기 집을 향해 떠났다. 어떤 이들은 말을 타고, 어떤 이들은 수레를 타고, 어떤 이들은 숲 속을 걸어갔다.

　드니스 행크, 사라와 아브라함 링컨, 존, 마틸다, 사라 존스톤은 다른 소년 소녀들과 걸어가며 웃으며 노래를 불렀다.

링컨 부부가 앞서 걸어갔다.

"에이브가 정말 자랑스러워요." 링컨 씨가 말했다. "모두들 에이브가 도와주기를 바랐어요."

"모두 다 에이브를 좋아해요." 링컨 부인이 말했다.

"그가 힘이 세기 때문에 좋아하지요." 링컨 씨가 말했다.

"그래서만은 아니에요, 토마스. 에이브가 영리하고 착하고 예의 바르기 때문에 좋아해요. 그는 항상 친구들이 많아요. 좋은 친구들이 말예요."

29.
일리노이로 이사를 가다

사라 링컨 부인은 피존 크릭 정착촌의 작은 오두막 앞에 혼자 서 있었다. 집 안은 텅 비어 있었다. 서랍장, 의자, 식탁도 없었다. 깃털침대, 이불, 물레도 없었다. 링컨 씨의 총도 없었다. 그곳에는 라쿤모자 한 개도 남은 것이 없었다.

링컨 부인은 텅 빈 집을 둘러보며 울기 시작했다. 바로 그때 토마스가 들어왔다. "사라, 갑시다." 그가 말했다. "수레에 짐을 다 실었고, 떠날 준비가 다 됐어요."

"떠나고 싶지 않아요." 그녀가 말했다. "우리가 여기서 이렇게 오래 살았는데... 그리고 이웃들이 이렇게 좋은데... 떠나고 싶지 않아요."

"하지만 이곳에서는 먹고 살 수가 없어요." 토마스가 말했다. "이 지역 토양이 좋은 줄 알았어요. 하지만 아니었어요. 이것저것 다 심어봤지만 소용이 없었어요."

"알아요. 하지만 인디애나를 떠나고 싶지 않아요." 사라가 말했다.

"일리노이에 가면 돈을 많이 벌 거예요. 사람들이 그러는데 거기는 곡식이 두 배나 빨리, 두 배나 크게 자란대요. 우리는 돈을 많이 벌 거예요. 그러면 교회 갈 때 입을 새 드레스를 사 줄게요."

사라는 미소를 지으며 눈물을 닦았다. 그리고 토마스를 따라 밖으로 나갔다. 그들은 네 마리 황소가 끄는 큰 수레 옆에 섰다. 그 수레에는 가구, 침대, 이불, 가죽, 옷, 연장, 삽, 톱, 그 외 많은 것들이 실려 있었다. 쟁기도 있었다.

링컨 부인은 앉을 자리도 거의 없는 수레에 올라가서 짐 위에 앉았다. 마틸다와 사라 존슨은 수레 옆을 따라 걸어갔다. 그들은 이제 크고 힘이 세서 수 킬로미터를 지치지 않고 걸어갈 수 있었다.

예쁜 사라 링컨은 그곳에 없었다. 그녀는 이 년 전에 죽었다.

존 존스톤, 드니스 행크, 에이브 링컨은 이제 청년이 되었지만, 가족들을 따라 링컨 씨와 함께 걸어갔다.

밤에는 숲 속에서 야영을 했다. 저녁을 먹은 뒤에는 모두 모닥불 주변에 둘러 앉아 옛날 얘기를 나눴다. 링컨 씨는 인디언 얘기를 했다. 그는 항상 인디언 얘기를 알고 있었다. 에이브는 웃기는 얘기를 했다. 그는 항상 웃기는 얘기를 알고 있었다.

존, 드니스, 에이브가 돌아가면서 모닥불을 감시했다. 이번에는 에이브가 장작을 모두 태워서 큰 불꽃을 피우지 않았다. 그는 불을 아주 작게 유지했고, 초록색 눈빛은 나타나지 않았다.

어느 날 그들은 작은 강을 건너갔다. 날씨는 몹시 추웠고, 강에는 얼음 덩어리가 둥둥 떠 있었다.

그들이 강을 건너자 개 짖는 소리가 들렸다. 그들이 방금 건너온 강 반대편에 개가 남아 있었다. 건너 오라고 불렀으나 그 개는 무서워서 물속에 들어가지 않으려고 했다. 둥둥 떠 있는 얼음이 무서웠다. 그 개는 가엾게 짖으며 강가를 오르락내리락 했다. 그러면서 이렇게 말하고 있었다. "날 남겨두고 가지 말아요! 여기에는 날 돌봐줄 사람이 아무도 없어요. 난 굶어 죽을 거예요."

"들어보세요. 견딜 수가 없어요. 가서 데리고 올게요."

"안 돼, 에이브." 아버지가 말했다. "시간이 없어. 서둘러 가야 해."

"뒤따라 갈게요." 에이브가 말했다.

그는 얼음물 속으로 뛰어들어가 반대편까지 수영을 해서 갔다. 개는 좋아서 어쩔 줄 몰랐다. 그는 에이브의 손을 핥으며 껑충거리며 에이브 팔에 올라타더니 행복하게 짖어댔다.

그리고 에이브는 또 다시 얼음물 속으로 뛰어들었다. 그는 개를 물 위로 들고 한 손으로 수영을 했다. 그렇게 하려면 매우 힘들었지만, 이윽고 반대편까지 안전하게 도달했다.

수레는 떠나고 없었지만, 에이브가 달려가 따라잡았

다. 그는 개를 수레에 싣고 남자들과 함께 걸었다.

"에이브는 마음이 참 착해." 링컨 부인이 말했다. "개를 데려오려고 그런 얼음물 속에 뛰어들 사람이 누가 또 있을까?"

"에이브는 개를 굶어 죽게 못해요." 마틸다가 말했다. "다른 사람들은 그런 생각을 하지도 않는데 말예요."

"그게 에이브가 다른 점이야." 어머니가 말했다. "그는 모든 걸 다 사려 깊게 생각해."

30.
새로운 주

링컨 가족은 이제 새로운 일리노이주에 살았다. 토마스 링컨은 생가먼 강변에 땅을 사서 강 옆에 오두막을 지었다.

에이브는 집터와 밭을 만들기 위해서 숲 속의 나무를 잘라내는 일을 도왔다. 그는 통나무로 오두막을 짓고 밭에 울타리 짓는 일을 도왔다.

그리고 에이브는 집을 떠났다. 그는 이제 스물한 살이 되었기 때문에, 독립해서 스스로 돈을 벌기 원했다.

"에이브, 넌 나한테 참으로 많은 도움을 줬어." 아버지

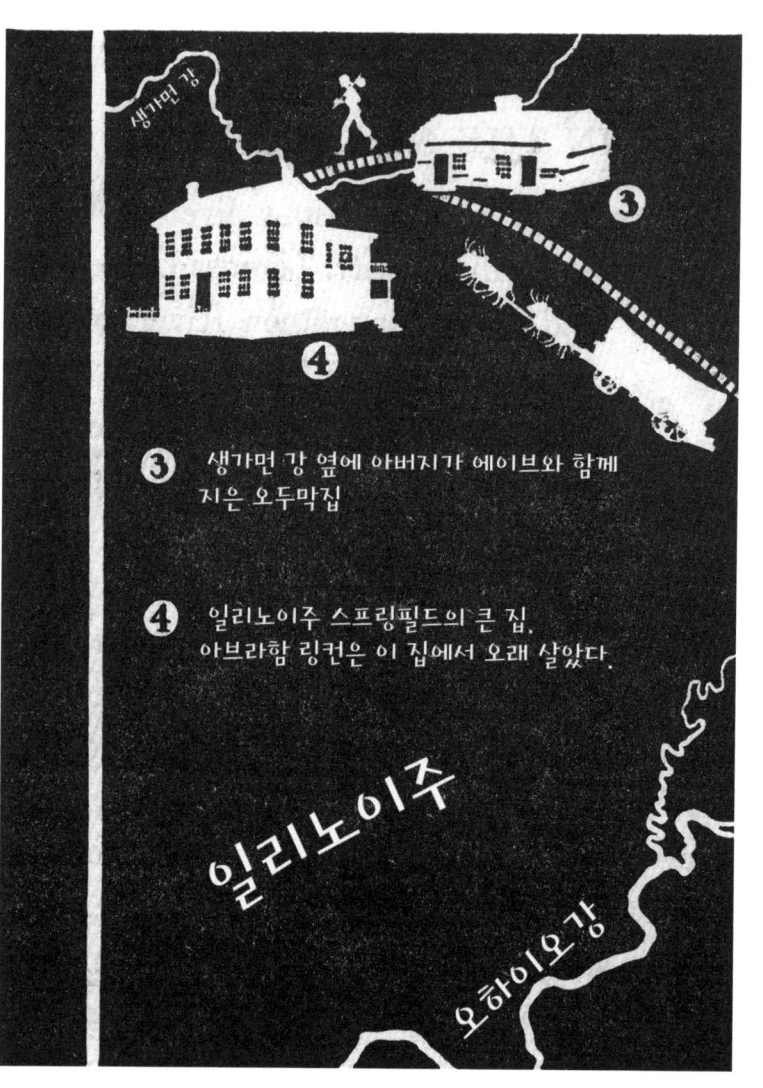

③ 생가먼 강 옆에 아버지가 에이브와 함께 지은 오두막집

④ 일리노이주 스프링필드의 큰 집. 아브라함 링컨은 이 집에서 오래 살았다.

① 켄터키주 놉크릭에 있던 링컨네 오두막집

② 인디애나 주 리틀피존크릭에 있던 링컨네 오두막집

▬▬▬▬ 링컨은 이 길을 따라서 어릴 때 살던 놉크릭 오두막집에서부터 일리노이주 스프링필드의 큰 집으로 옮겨갔다.

인디애나주

오하이오강

리틀피존크릭

켄터키주

가 말했다. "네가 번 돈을 일전 한 푼까지 모두 나한테 줬지. 이제 내가 너를 돕고 싶다만, 그럴 수가 없구나."

"에이브, 네가 떠난다니 슬프구나." 새어머니가 말했다. "넌 나한테 정말 잘 해줬어. 나한테 한 번도 불쾌한 말을 한 적이 없어. 내 말을 듣지 않는 적도 한 번도 없고. 난 내 친아들처럼 널 사랑한다."

"어머니는 저한테 참 잘 해 주셨어요." 에이브가 말했다. "어머니를 절대 못 잊을 거예요. 그리고 제가 살아 있는 한 어머니를 도와드리겠어요."

에이브는 작은 꾸러미에 그의 옷을 챙겼다. 그것을 나무 막대기에 묶어 어깨에 걸쳤다. 그에게는 아주 적은 돈, 25센트가 있었다.

그는 근처의 농장에서 일감을 얼마든지 구할 수 있었다. 그는 쟁기로 밭을 갈고, 나무를 자르고, 울타리를 만들었다. 옥수수 껍질을 벗기고, 말과 소와 돼지를 돌보았다. 그는 농장에서 하는 온갖 종류의 일을 다 했다.

농장에서 할 일이 없을 때에는 아주머니들을 거들었다. 물을 나르고 감자를 캐고 닭에게 모이를 주고 버터를 만들었다.

그는 아이들도 봐주었다. 그는 아기를 흔들어 재우는 일도 기꺼이 했다. 그러는 동안 책을 읽을 수 있었기 때문이다. 그는 발로 요람을 흔들었다.

에이브는 그렇게 일을 하고 또 일을 했다. 해가 뜰 때부터 해가 질 때까지 일을 했다. 그러나 그는 웃기는 얘기와 농담을 하는 데는 지치는 법이 없었다.

얼마 가지 않아 그는 친구들을 많이 사귀었다. 그들은 일요일 저녁식사에 에이브를 초대했다. 그들은 지나가는 길에 언제든지 자기 집에 들르라고 말했다. 그들은 에이브가 거칠거나 다툼을 하지 않기 때문에 좋아했다. 그 중에서도 특히 그가 마음씨가 착하기 때문에 좋아했다.

어느 추운 날 에이브는 어떤 사람이 나무 자르는 것을 보았다. 발은 맨발이었고, 옷은 낡고 헤어졌다. 그는 추워서 덜덜 떨고 있었는데, 일을 할 수 없을 것처럼 보였다.

에이브는 그 가난한 사람을 보자 불쌍한 마음이 들었다.

"이 추운 날 뭘 하십니까?" 그가 물었다.

"난 병이 난 것 같아요." 그가 말했다. "하지만 이 나무들을 잘라야 해요. 신발을 사야 하거든요."

"도끼를 이리 주세요." 에이브가 말했다. "그리고 집에 가서 불에 몸을 녹이세요."

그 사람은 에이브에게 고맙다고 하고 곧 집으로 갔다.

그리고 에이브는 도끼를 휘둘렀다. 에이브만큼 도끼를 잘 휘두르는 사람은 거의 없었다. 그는 도끼를 얼마나 높이 쳐들어야 하는지 정확하게 알고 있었다. 도끼를 얼마나 세게 내리쳐야 하는지도 정확하게 알고 있었다.

그래서 얼마 가지 않아 장작더미가 가득 쌓였다. 그리고 곧 그 가난한 사람은 그것을 팔아 신발을 샀다.

그는 살아있는 동안 변함없이 에이브 링컨에게 충성을 다했다.

31.
진흙창에 빠진 돼지

"몰리." 하루는 통장이가 그의 부인에게 말했다. "에이브 링컨이 새 양복을 샀어요."

"참 좋은 소식이에요!" 몰리가 말했다. "그 젊은이야말로 새 양복을 입어야 해요."

"나도 그렇게 생각해요." 통장이가 말했다.

"어떻게 그 돈을 마련했을까요?" 몰리가 물었다.

"울타리 짓는 가로대를 잘랐어요. 그 옷에 필요한 옷감 석 자만 사려고 해도 일주일 동안 고되게 일해야 해요."

"그러면 울타리 가로대를 수백 개는 잘랐겠군요." 몰리가 말했다.

"그랬을 거예요." 통장이가 말했다. "하지만 이제 새 옷을 입을 때도 됐지요. 사람들이 그의 헌 옷을 가지고 놀림감을 삼으니 말예요."

"누가요?" 몰리가 날카롭게 물었다. 그녀는 에이브를 너무 좋아해서, 누가 그를 놀리는 것을 싫어했다.

"왜, 저, 에이브가 성공하기를 바라지 않는 그런 사람들 말예요." 통장이가 말했다.

"물론 그렇겠죠." 몰리가 말했다. "에이브가 누구보다 더 연설을 잘하기 때문에 질투를 하는 거예요."

"에이브야말로 우리 주에서 최고로 연설을 잘하지요." 통장이가 말했다. "그가 다음 주에 대집회에서 연설을 할 거예요."

"에이브가 새 양복을 입고 왔으면 좋겠어요." 몰리가 말했다. "하지만 에이브의 옷이 낡았다고 해서 부끄러울 건 하나도 없어요." 몰리가 말했다.

일주일 후 링컨 씨는 대규모 집회장을 향해서 가고 있었다. 그는 새 양복을 입었고, 매우 기분이 좋았다. "오늘은 아무도 내 옷 가지고 날 놀리지 못하겠지." 그가 혼잣말을 했다. "이제 나도 남들처럼 멋지게 보일 테니까."

그는 말을 타고 진흙탕 길을 가고 있었다. 새 양복에 진흙이 튀지 않도록 매우 조심해서 갔다.

바로 그때 돼지 울음소리가 들렸다. 에이브가 주변을 둘러보았다. 땅바닥에 커다란 진흙 구덩이가 있었는데, 작은 돼지가 거기에 빠져있었다. 그 돼지는 구덩이에서 나오려고 발버둥쳤지만, 소용이 없었다. 그것은 에이브의 눈을 뚫어져라 쳐다보며 또 다시 울음소리를 냈다.

에이브가 말했다. "아기돼지야, 미안하지만 널 도와줄 수가 없어. 오늘은 새 양복을 입었기 때문에 진흙탕에 들어갈 수가 없거든. 다른 사람이 널 구해주면 좋으련만."

그리고 에이브는 계속해서 갔다. 그러나 그는 그 애처로운 울음소리를 잊을 수가 없었다. 겁에 질린 돼지새끼의 눈빛도 잊을 수가 없었다.

갑자기 그는 말을 돌려서 다시 돌아갔다. 그리고 진흙 구덩이로 첨벙 들어가더니 돼지를 꺼내서 마른 땅에 올려놓았다. 이제 돼지새끼는 아무 걱정이 없었다. 그러나 링컨 씨의 새 양복, 그가 그렇게도 열심히 일해서 장만

한 새 양복, 그가 평생 처음으로 장만한 좋은 옷은 엉망이 되고 말았다.

링컨 씨는 진흙투성이가 된 옷을 입고 대규모 집회장에 도착했다. 그는 지각을 했다. 사람들은 오랫동안 그를 기다리고 있었다. 링컨 씨가 들어오자 사람들이 환호성을 질렀다. "에이브! 에이브!" 그들이 소리쳤다. "연설해요! 연설해요!"

링컨 씨는 옷에서 먼지를 털었지만, 그 옷은 진흙투성이었다. 하지만 더 이상 사람들을 기다리게 할 수 없어, 강단으로 올라가서 연설을 시작했다.

사람들은 그가 입은 진흙투성이 양복을 보자 깜짝 놀랐다. 그러나 옷에 대해서는 단 이 분만에 싹 잊어버렸다. 에이브 링컨이 연설하고 있는데, 어떻게 딴전을 피운단 말인가!

32.
작은 트렁크

몇 년이 지났다. 에이브 링컨은 여전히 일리노이에서 살았다. 그러나 그는 숲 속의 통나무 오두막에 살지 않았다. 그는 스프링필드라는 큰 도시의 이층집에서 살았다.

에이브는 더 이상 쟁기로 밭을 갈고 나무를 자르고 울타리를 만들지 않았다. 그는 이제 농부가 아니었다. 그는 법률가였다. 그렇다. 그는 법률가였다. 그의 사무실은 그 큰 도시에 있었고, 모든 사람이 그를 존경했다. 모두 다 그를 링컨 씨라고 불렀다. 아무도 감히 그를 무시

할 수 없었다.

 에이브가 좋은 책을 많이 읽고 열심히 공부한 덕분에 그렇게 된 것이다.

 그는 여전히 열심히 일했지만, 그 일은 그가 좋아하는 일이었다. 그는 책과 함께 일했고, 다른 사람들을 도와주었다. 그는 곤경에 처한 사람을 도와주기 위해 수 킬로미터 거리를 말을 타고 갔다. 그는 진흙길을 지나갔고, 눈과 비를 헤치고 갔다.

 그는 여전히 밤이면 공부를 했고, 때로는 자정까지, 혹은 자정 너머까지 공부를 했다. 그는 배우면 배울수록 점점 더 배우고 싶었다. 아무리 배워도 자기가 충분히 아는 것 같지 않았다.

 그러나 웃기는 얘기와 농담하는 건 잊어버리는 법이 없었다. 또한 친절을 베푸는 것도 잊어버리는 법이 없었다. 그는 다른 사람을 돕기 위해 불편을 감수했고, 심지어 자기 일도 제쳐두었다. 몇 년 후 사람들은 여전히 그가 얼마나 친절했는지를 기억하고 있었다.

 "한번은 링컨 씨가 나를 도와주셨단다." 어떤 노부인이 어린 여자아이들 세 명에게 얘기를 했다.

"링컨 씨? 그 위대한 아브라함 링컨 말예요?" 헬렌이 물었다.

"그렇단다, 아가야." 그 노부인이 말했다. "그 위대한 아브라함 링컨 말이야. 내가 어릴 적에 그가 살던 스프링필드에 살았지. 그는 종종 우리 집 앞을 지나갔어."

"그에게 말을 걸었어요?" 엘지가 물었다.

"항상 말을 걸었지, 엘지. 그는 늘 내가 집에 있는지 들여다봤어. 어린 아이들을 사랑했거든." 그 할머니가 옛날을 기억하며 미소를 지었다.

"그가 어떻게 할머니를 도와줬어요?" 헬렌이 물었다.

"모두 얘기해 주지. 내가 다른 도시에 사는 우리 할머니를 만나러 가려던 참이었어. 나는 기차를 타고 가야 했는데, 혼자 가야 했지. 어머니와 아버지는 너무 바빠서 함께 갈 수가 없었어. 하지만 어머니는 나한테 예쁜 드레스를 만들어 주셨고, 아버지는 작은 트렁크를 사 주셨어. 어머니는 물건을 다 챙겨서 트렁크에 넣고 그걸 꼭 닫았지. 아버지는 그걸 집 출입문 앞에 놓고. 우리 셋은 짐꾼이 오기를 기다렸어. 모든 준비를 다 마치고 계속해서 짐꾼을 기다렸어. 그런데 아무리 기다려도 짐꾼이 나

타나지 않는 거야. 이제 거의 기차시간이 다 되었기 때문에 나는 출입문으로 나가서 밖을 내다봤어. 짐꾼이 언제 오나 하며 길 이쪽을 보고 또 저쪽을 봤지. 하지만 짐꾼은 안 보였어!"

"어머나!" 소녀들이 말했다.

"그때 기차의 경적소리가 울렸어. 기차가 곧 역에 도착한다는 걸 알았지."

"어머나, 어머나!" 소녀들이 말했다.

"그래서 어떻게 했어요?" 엘지가 물었다.

"나는 울었어. 소리 내서 울었어. 이제 기차를 탈 수 없게 되었거든."

"그때 갑자기 키가 큰 사람이 집 앞을 지나갔어. 그는 까만 머리에 회색 눈에 얼굴이 친절해 보였어."

"링컨 씨군요!" 소녀들이 말했다.

"그래. 링컨 씨였어. 그는 길 건너편에 있다가 내가 우는 소리를 듣고 와서 무슨 일인지 물었어. 내가 트렁크를 날라다 줄 짐꾼이 오지 않았다고 얘기했어.

'큰 트렁크니?' 그가 물었지.

'아니, 작은 트렁크예요. 여기 문 앞에 있어요.' 내가 말했단다.

'내가 기차역까지 가져다 주지.' 그가 말했어. 그리고 문 앞으로 가서 트렁크를 둘러메고, 기차역으로 달려갔어.

나는 그를 따라가느라고 힘들었지만, 우리는 결국 제시간에 기차역에 도착했어.

기차는 막 떠나려고 했어. 차장이 '모두 타시오!'라고 소리쳤지.

'잠깐 기다려요. 여기 어린 소녀가 있어요!' 링컨 씨가 소리쳤어. 차장이 나를 기차에 태워 줬어. 링컨 씨는 내 트렁크를 짐칸에 실었어. 그리고 기차가 떠나기 시작했어.

링컨 씨가 모자를 벗어서 나에게 흔들자, 나도 그에게 손을 흔들었지. 그리고 마음속으로 생각했어. '그는 이 세상에서 제일 친절한 사람이야.' 그리고 그 이후로도 나는 줄곧 그렇게 말했단다. 그는 이 세상에서 가장 친절한 사람이야."

33.
에이브 링컨 미국 대통령

 벨소리가 울렸다! 경적이 울렸다! 사람들이 소리쳤다! 남자들은 서로서로 얼싸안으며 모자를 공중으로 날렸다.

"에이브 링컨이 당선됐다!" 그들이 외쳤다. "에이브 링컨이 새 대통령이야!"

머나먼 곳에서 셀 수 없이 많은 사람들이 그를 보러 왔다. 그들은 링컨 씨가 하는 말을 들으려고 하루 종일 기다렸다.

작은 시냇가 옆 작은 빈터의 작은 농장에 있는 작은 오두막에 살았던 그 작은 아이가 이제 숲 속에서 넓은 세상으로 나왔다. 외딴 시골 아이가 이제 이 나라에서 가장 명예로운 지위에 오른 것이다.

그런데 슬픈 사건이 일어났다. 에이브가 대통령이 되자 남부의 주들이 미합중국에서 탈퇴하겠다고 말했다. 미국은 원래 여러 개의 주가 모여 하나의 큰 나라를 이룬 합중국이었다. 그 전까지 각각의 주들은 독립된 나라와 같았다. 그러나 모든 주가 하나로 연합할 때 더 강한 나라가 되고 더 발전할 수 있기 때문에 하나로 연합했다. 그래서 각 주보다 훨씬 더 큰 나라, 미합중국이 탄생했다. 이제 모든 주가 미합중국의 법과 정부의 다스림을 받기로 했다.

그러다가 노예제도가 남부와 북부 사이에서 문제가 되었다. 남부의 주들은 노예제도가 그들에게 필요하다고 말했다. 북부의 주들은 노예제도가 나쁘기 때문에 없애야 된다고 말했다. 그러자 남부의 주들은 북부가 남부를 간섭해서는 안 된다고 생각했다.

그런데 이제 노예제도를 반대하는 에이브가 미합중국의 대통령이 되자 남부는 정부가 강제로 노예제도를 없애버릴까봐 걱정이 되었다. 그래서 미합중국에서 나가기로 결정했다.

그러나 링컨 대통령은 미합중국을 하나로 연합해야 한다고 믿었다. 미국 사람들끼리 서로 싸우면 나라가 발전할 수 없고 더 강한 나라에 의해 무너진다는 걸 잘 알았기 때문이다. 그는 어떻게든 미국의 연합을 지켜야 했다.

결국 남부와 북부는 전쟁을 했다. 에이브는 잔인한 전쟁을 싫어했으나, 자유와 연합을 위해서는 싸워야 한다고 믿었다. 그는 전쟁으로 죽은 사람들 때문에 마음이 아팠다. 그리고 아들과 남편을 잃어버린 사람들을 위로하고 편지를 보냈다.

마침내 전쟁이 끝나고 노예제도를 반대하던 북부가 승리했다. 노예제도가 폐지되고, 남부와 북부가 다시 연합했다.

링컨 대통령은 수만 명이 죽은 전쟁터에서 이렇게 말했다.

"국민이 주인이 되어 다스리는 나라는 이 세상에서 영원히 사라지지 않을 것입니다."

미국이 처음 태어났을 때 이 세상 모든 나라는 왕이 다스리고 있었다. 미국은 국민이 주인이 되어 다스리는 첫 번째 나라였다. 에이브는 그 나라가 멸망하지 않고 반드시 보존돼야 한다고 믿었다. 그리고 그 나라는 주인이나 노예가 없이 모든 사람이 동등한 대우를 받는 나라가 되어야 한다고 믿었다. 그리고 언젠가 다른 나라들도 미국과 같이 왕이 아니라 국민이 주인이 되고 모든 사람이 동등한 대우를 받는 나라가 되는 날을 꿈꾸었다.

그의 꿈은 이루어졌다. 작은 시냇가 작은 농장 작은 오두막에서 살았던 그 어린 소년이 이제 그 숲속에서 넓은 세상으로 나온 것이다.

그는 지금까지 이 세상에 살았던 사람들 중에 가장 위대한 사람 중 하나가 되었다. 온 나라가 그를 사랑했고, 온 세계가 그를 존경하게 되었다.

    쟁기로 밭을 갈고 도끼로 나무를 찍고
    울타리 가로대를 자르던 에이브 링컨.
    벽난로 불빛에 공부를 하며
    누더기를 걸치고 다니던
    가난한 에이브 링컨.
    그러나 항상 책을 읽고

생각하고 배우던 에이브 링컨.
언제나 정직하고,
놀 때나 일할 때나
올바르고 공정했던 에이브 링컨.
사람에게도 동물에게도
친절을 베풀었던 에이브 링컨.

 오직 그가 그런 아이였기 때문에 그런 훌륭한 사람이 될 수 있었다.

여러분, 기억하나요?

1. 에이브는 어떻게 첫 번째 장난감을 얻게 되었나?
2. 아버지는 왜 에이브를 숲 속에서 찾으러 다녔나?
3. 에이브는 숲 속에 갈 때 가장 중요한 것은 무엇이라고 배웠나?
4. 에이브는 애완용 개를 어떻게 얻게 되었나?
5. 에이브는 브라운 씨 오두막에서 불이 나지 않았다는 사실을 어떻게 알 수 있었나?
6. 방앗간 주인과 어른들은 잃어버린 에이브를 어떻게 어디서 찾았나?
7. 에이브와 사라를 남겨놓고 오랫동안 떠나있던 아버지는 누구를 데리고 돌아왔나?
8. 에이브의 새어머니는 어떻게 에이브를 도와주었나?
9. 에이브는 어떻게 '조지 워싱턴의 일생'이라는 책을 가지게 되었나?
10. 조니 애플씨드는 어떤 사람인가?
11. 에이브는 일리노이로 이사 가던 도중 왜 얼음 언 강물 속에 뛰어들었나?
12. 대규모 집회장에서 에이브는 왜 진흙투성이가 된 옷을 입고 연설을 했나?

아브라함 링컨이 살던 시절

1809년 2월 12일 아브라함 링컨이 켄터키 주에서 태어났다.

1830년 일리노이 주에서 링컨은 처음으로 정치적 연설을 했다.

1832년 동업자 윌리엄 베리와 상점을 시작했다.

1833년 뉴세일럼의 우체부 및 구역의 부측량사로 일했다.

1834년 일리노이 주 입법의원에 선출되고, 법학 공부를 시작했다.

1836년 변호사 자격증을 얻었다.

1842년 메리 토드와 결혼했다.

1844년 변호사 사무소를 개업했다.

1846년 미국 하원 휘그당 의원으로 선출됐다.

1850년 스프링필드로 돌아와서 변호사업무를 계속했고, "정직한 에이브"로 명성을 얻었다.

1856년 새 정당 "공화당" 창립을 도왔다.

1858년 상원에 출마했다가 스티븐 더글라스에게 패배했으나 그의 연설로 전국적인 명성을 얻었다.

1860년 링컨은 최초의 공화당 대통령으로 선출되었다. 그 직후 남부의 7개주가 미합중국에서 탈퇴했다.

1861년 남북전쟁이 시작되었다. 최초로 대륙횡단 전보가 개통되고, 다음 해 대륙횡단 철도 사업이 착수됐다.

1864년 링컨이 대통령에 재당선됐다.

1865년 노예제도가 폐지되었고, 남군의 리 장군이 북군의 그랜트 장군에게 항복했다. 4월 14일 링컨이 암살당했다.

잠언 생활 동화 시리즈

성경의 주옥같은 잠언. 어떻게 하면 아이들에게 쉽게 가르쳐줄 수 있을까? 아이들이 날마다 경험하는 친근한 사건들을 통해 잠언을 재미있고 쉽게 가르쳐주는 생활동화

참 잘했어요
날마다 지혜로와지는 밀러네 아이들. 친척들이 모인 날 티미는 왜 코피가 터졌나? 죄를 우습게 보는 것이 왜 위험한가? 아버지는 한밤중에 습격하는 강도를 어떻게 막을 수 있을까?

이럴 땐 어떡하죠?
이런이런 상황에서 어떻게 하는 것이 옳은 행동인가?
어리석은 농담이 어떤 안 좋은 결과를 가져왔나? 쇼핑몰에 간 티미는 어쩌다가 길을 잃어버렸나? 그리고 무엇 때문에 어머니날 불꽃놀이를 놓쳤나?

좋은 친구
학교에서 일어나는 이야기. 피터는 또래집단의 압박을 어떻게 극복하였나? 진짜로 좋은 이름은 어떤 이름인가? 5달러짜리 야구 글러브보다 더 중요한 것은?

선교지 이야기
선교지에서 실제 일어난 놀라운 이야기들. 선교사들은 어떻게 하나님의 부르심에 응답했는가? 어떻게 기적적으로 위험을 모면했는가? 그리고 어떻게 하나님을 위해서 죽음을 선택했는가?

각 권 10,000원 초등 2년 이상

위인들의 어린시절 시리즈

계속 발행됩니다. 각 권 10,000원 초등 2년 이상

아브라함 링컨 - 오두막에서 자란 아이
(위인들의 어린시절 시리즈)

발행일 2018년 5월 1일
지은이 어거스타 스티븐슨 • 그림 클로틸드 엠브리
옮긴이 리빙북 • 표지디자인 박미선
발행인 리빙북 경기도 군포시 오금로43 336-705
이메일 livingbook.kr@hanmail.net
카톡아이디: livingbook.kr
은행계좌 국민은행(예금주:오소희리빙북) 639001-01-609599
출판등록 제399-2013-000031호
이 책의 내용을 사용하려면 반드시 출판사의 허락을 받아야 합니다.

책값은 뒤표지에 있습니다
© 1932, Augusta Stevenson
© 2018, Living Books
ISBN 978-89-92917-667-74840

리빙북